Nein, ich glaube nicht,
dass das Glück möglich ist,
aber ich glaube sehr wohl
an die Gelassenheit.
Gustave Flaubert

Inhalt

HANSJÖRG SCHNEIDER

Schwimmen im Fluss

Du liegst im Fluss, lang ausgestreckt an der Oberfläche, den Kopf zwischen den Armen, die Augen geschlossen. Du lässt dich treiben von der Strömung, die das grünbraune Wasser Richtung Meer zieht. Du spürst die Kühle, die deine Glieder umhüllt und eindringt in deine Eingeweide.

Du bist ein Lebewesen, das sich nicht rührt und getragen und transportiert wird wie ein mannslanger Baumstamm, und in deine Ohren dringt das beruhigende Geräusch der Kiesel, die auf dem Grunde meerwärts geschoben werden.

Du staunst, wie lange du es aushältst, ohne zu atmen, es gefällt dir, kein Lufttier mehr zu sein. Du denkst an Kiemen, die sich an deinem Halse öffnen, durch die das Wasser einfließt und dich zum Wassertier macht. Du möchtest so liegen bleiben für immer und ewig, langsam das Menschenbewusstsein verlierend, eine Wasserleiche zuletzt mit ausgestreckten Fingern, die zu Flossen werden. Du möchtest landen im Meer.

Dann hebst du den Kopf und siehst ein Stück der sonnendurchfluteten Welt: den breiten Fluss, der mitten durch die Stadt fließt, in der du lebst, die beiden Ufer mit den vertrauten Häuserfassaden, das Münster weiter oben, die Brücke, auf die du zuschwimmst.

Du legst dich auf den Rücken und schaust zum Brücken-geländer hinauf, wo Leute in Sommerkleidern stehen und herunterwinken. Sie winken immer, das weißt du aus Er-fahrung: Leute am Ufer winken Leuten im Fluss.

Du gleitest unter dem Brückenbogen in den Schatten hinein. Hier riecht es nach schmutzigem Schlamm und ein bisschen nach Großstadt, und würdest du laut hinaufrufen, würde dein Ruf dröhnen wie in einer Fabrikhalle.

Weiter unten siehst du einen Lastkahn, der sich flussauf-wärts schiebt. Er muss randvoll sein, der Bug ragt knapp über das Wasser. Du hörst das Stampfen seines Motors, du hast es schon unter Wasser gehört als helles Sirren, es hat das Rieseln der Kiesel zerschnitten.

Du musst ausweichen. Du drehst dich auf den Bauch, stößt deine Arme nach vorn und ziehst sie kräftig zurück. Du spürst, wie dein Leib durch Wasser gleitet, du spürst deine Kraft, und plötzlich packt dich eine Freude. Du schlägst mit Armen und Beinen ins Wasser, dass es aufspritzt wie früher in der Badeanstalt, wo du schwimmen gelernt hast, und am liebsten würdest du schreien. Das kommt dir zwar einen Moment lang kindisch vor, aber es stört dich nicht, im Wasser ist alles kindisch, und überhaupt bist du ein alter Kindskopf, auch an Land. Du schreist trotzdem nicht, der Moment dazu ist verpasst, du strampelst einfach weiter, bis du außer Atem bist. Dann liegst du wieder ruhig und schaust zu, wie draußen der Lastkahn vorbeistampft.

ANNA GAVALDA

Meine Kraftpunkte

heute Morgen

Heute Morgen, kurz vor zehn, vibrierte mein Handy an meiner Brust. Ich spürte das Brummen, kümmerte mich aber nicht weiter darum, ich kauerte nämlich vor einer Wand und untersuchte einen Riss und seine Entwicklung.

Mit dem Knie auf meinem Schutzhelm versuchte ich zu verstehen, wieso dieses Gebäude niemals bewohnbar sein würde.

Ich war von der Versicherungsgesellschaft des Architekturbüros, das den Bau geplant hatte, als Sachverständiger bestellt worden und wartete darauf, dass mein Assistent mit dem Ablesen der Messlehren fertig wurde, die wir vor vier Monaten neben dem Riss angebracht hatten.

Ich möchte jetzt nicht weiter ins Detail gehen, das wird sonst zu technisch, aber die Situation war ernst. Unsere Agentur saß seit mehr als zwei Jahren an diesem Fall, und es ging um eine Menge Geld. Eine sehr große Menge Geld, den Ruf dreier Architekten, zweier Vermessungsingenieure, eines Bauträgers, einer Baufirma für Erdarbeiten, eines Bauunternehmers, eines Bauleiters, eines beratenden Ingenieurs und eines Abgeordneten. Es ging darum, die *voraussichtliche Schadensentwicklung* zu benennen, wie es in unserem

Fachjargon so verschämt heißt, und je nachdem, welchem der folgenden drei Begriffe mein künftiges Gutachten den Vorzug geben würde: »Verschiebung«, »Versatz« oder »Neigung« (mit allen logischen Konsequenzen), hätte das Auswirkungen, zwar nicht auf den Betrag – diese Feinheiten fielen nicht in mein Ressort –, aber doch auf die Namen des Ausstellers sowie des Adressaten der künftigen Rechnung.

Mit anderen Worten, ich saß an diesem Tag nicht allein am Krankenbett eines Gebäudes, das, kaum aus der Erde gewachsen, schon dem Tod geweiht war, und deshalb konnte mein Handy gut und gern vor sich hin vibrieren.

Es fing übrigens schon wieder damit an. Und zitterte zwei Minuten später erneut. Genervt schob ich meine Hand unter die Jacke und schaltete es, ohne hinzusehen, aus. Kaum hatte ich es mundtot gemacht, übernahm das Handy von François, meinem Assistenten. Es klingelte lange, sechs, sieben Mal vielleicht, und nahm noch zwei Anläufe, aber François stand in einer Gondel zehn Meter über dem Boden, und der Sturkopf, der versuchte, ihn zu erreichen, gab schließlich auf.

Ich dachte nach. Seufzte. Strich über den verfluchten Riss, den dritten schon in diesem Stück Wand, seit wir mit unseren Untersuchungen begonnen hatten, und berührte ihn sanft mit dem Finger wie eine menschliche Wunde. Mit dem gleichen Ohnmachtsgefühl und der gleichen christlich angehauchten Beschwörungsformel: *Wand, schließe dich.*

Ich hasste mein aktuelles Leben. Diese Aufgabe hier lastete schwer auf mir, auf uns, auf meinem Geschäftspartner und mir, sie war zu schwierig, zu kniffig und vor allem zu riskant. Wie auch immer mein Bericht ausfallen würde und auch wenn die Folgen dieser Geschichte letztendlich von den Winkelzügen der Rechtsanwälte abhingen, bei denen sich die beunruhigendsten Risse, Konstruktionen und Fundamente stets in gütlichem Einvernehmen beziffern ließen, war mir klar, dass wir uns allein durch die Tatsache, dass ich mich äußerte, dass wir uns äußerten, die Feindschaft eines großen Teils unserer Branche zuziehen würden.

Sollten die Architekten von Schuld reingewaschen werden, würden wir die Kunden des verantwortlichen Bauträgers und Bauunternehmers verlieren, und würde die Verantwortung den Architekten angelastet, würden wir erst in Monaten, vielleicht sogar Jahren unser Geld bekommen und noch etwas Wertvolleres verlieren als eine komfortable Kapitaldecke, nämlich unser Vertrauen.

Unser Vertrauen in sie, unser Vertrauen in uns und indirekt auch unser Vertrauen in unseren Berufsstand, denn sollte sich herausstellen, dass die Schuld bei ihnen lag, wäre das der Beweis dafür, dass sie uns von Anfang an belogen hatten.

Wir hatten lange gezögert, den Auftrag anzunehmen, und dass wir uns dafür entschieden haben, zeigt die Hochachtung, die wir diesen Leuten entgegenbringen. Diesen Leuten und ihrer Arbeit. Wir haben uns an die Arbeit gemacht mit allen Risiken, die das für uns bedeutete (wir mussten in teures Arbeitsgerät investieren), weil wir stets an ihre Redlichkeit geglaubt haben.

Sollte sich herausstellen, dass wir uns getäuscht haben,

wäre das für meinen Geschäftspartner und mich ein schwerer Schlag mit beträchtlichen Folgen.

Ausgerechnet an diesem Morgen beschlichen mich nun zum allerersten Mal Zweifel. Die Gründe dafür brauche ich hier nicht weiter auszuführen, ich sagte es schon, das wird schnell zu technisch, aber ich war ungewöhnlich nervös. Es gab zwei oder drei Details, die mich verwirrten, und ein kleiner heimtückischer Gedanke begann seine Unterminierungsarbeiten. Wie der Hausbock oder Termiten, die wir von Berufs wegen auf dem Kieker hatten, ein kleiner *alles zersetzender* Gedanke.

Zum ersten Mal, seit ich mich um diese Baustelle kümmerte, in den vielen hundert Stunden, die ich mit diesem Fall schon zugebracht hatte, merkte ich, wie etwas in mir zu arbeiten begann: Hatten uns die Architekten wirklich die ganze Wahrheit erzählt?

(Diese Einleitung ist ziemlich lang geraten, scheint mir aber angesichts der weiteren Ereignisse, die hier dargelegt werden sollen, unabdingbar. Entscheidend ist das Fundament, das habe ich in meinem Job gelernt.)

An dieser Stelle war ich mit meinen unguten Gefühlen, meinen Grübeleien also angelangt, als just einer der besagten Architekten auf mich zukam und mir sein Handy hinhielt.

»Ihre Frau«, sagte er in alarmiertem Ton.

noch bevor

Noch bevor ich ihre Stimme hörte, wusste ich, dass sie es war, die die ganze Zeit versucht hatte, mich zu erreichen, und noch bevor ich hörte, was sie mir sagen wollte, hatte ich mir schon das Schlimmste ausgemalt.

Es lässt sich nicht in Worten ausdrücken, in welchem atemberaubenden Tempo die kleinen Rädchen im Gehirn in Alarmbereitschaft geraten, losrasen, sich drehen und klappern. Noch bevor ich die beiden kurzen Silben Hallo herausbrachte, hatten jede Menge imaginärer Bilder, eins morbider als das andere, Zeit gefunden, vor meinem inneren Auge vorbeizudefilieren, und als ich das Handy entgegennahm, war ich davon überzeugt, dass einem geliebten Menschen etwas sehr Schlimmes zugestoßen sein musste.

Grässliche Bruchteile von Sekunden. Grässliche seismische Erschütterungen. Riss, Sprung, Scharte, Ritze, Spalte, Bruch, alles, was Sie wollen, das Herz kriegt in diesem Moment für immer einen Knacks.

die Schule

»Die Schule«, haucht sie, »Valentins Schule. Sie haben angerufen. Es gibt ein Problem. Du musst unbedingt hingehen.«

»Was für ein Problem?«

»Keine Ahnung. Das wollten sie mir am Telefon nicht sagen. Sie wollen, dass wir vorbeikommen.«

»Ist dem Kleinen was passiert?«

»Nein, er hat was angestellt.«

»Was Schlimmes?«

Und noch während ich die Frage stellte, spürte ich, wie mein Herz wieder schlug. Dem Kleinen war nichts passiert, der Rest war mir vollkommen egal. Der Rest zählte nicht mehr, und ich begann schon wieder, meine Wand zu inspizieren.

(Und erst heute Nacht beim Schreiben dieser Worte: »und ich begann schon wieder, meine Wand zu inspizieren«, merke ich, wie weit mich dieser Auftrag schon in den Wahnsinn getrieben hat.)

»Ganz bestimmt, sonst würden sie uns ja nicht so plötzlich einbestellen. Pierre«, flehte sie, »du musst unbedingt hingehen …«

»Jetzt? Aber ich kann nicht! Ich bin auf der Baustelle Boulevard Pasteur, das weißt du doch. Ich kann jetzt nicht weg, wir warten auf die Ergeb …«

»Hör zu«, fiel sie mir ins Wort, »seit zwei Jahren machst du uns allen das Leben zur Hölle mit deiner gottverdammten Baustelle. Ich weiß, dass der Job schwierig ist, und ich habe dir bisher nie Vorwürfe gemacht, aber jetzt brauche ich dich. Ich habe das Wartezimmer voller Leute, ich kann meine Sprechstunde jetzt nicht absagen, und außerdem bist du viel dichter an der Schule. Du gehst da jetzt hin.«

Nun gut. Ich will das Problem jetzt nicht in aller Ausführlichkeit darlegen, denn auch hier wird's schnell zu technisch, aber ich kenne meine Frau gut genug, um zu wissen, wie die richtige Antwort lautet, wenn sie diesen Ton anschlägt:

»Okay. Okay, ich geh da jetzt hin.«

»Du sagst mir Bescheid, was los ist, ja?«

Sie schien wirklich besorgt.

Sie schien so besorgt, dass ich auch wieder unruhig wurde, sie steckte mich an, und ich brüllte in die Landschaft, dass es mit meinem jüngsten Sohn ein Problem gebe und ich so bald wie möglich wieder zurück sei. Ich spürte, wie mir aus meiner Umgebung ein bitterböser Windhauch an Unverständnis entgegenschlug, aber keiner traute sich, ein Wort zu sagen. Ein Kind war selbst in diesem Haifischbecken noch ein ganz kleines bisschen wichtiger als ein Sack Zement.

François hob in seiner Gondel zur Beruhigung die Hand. Es war ein Zeichen, das in etwa sagen sollte: Mach dir keine Sorgen, ich habe alles im Blick. In dieser Situation ein fantastisches Zeichen. Ganz wunderbar.

die Rektorin

Die Rektorin hatte höchstselbst am Tor der Grundschule Victor Hugo Stellung bezogen. Auf diese Schule waren alle unsere drei Jungen gegangen. Sie begrüßte mich nicht, lächelte nicht, gab mir nicht die Hand. Sie sagte nur: »Kommen Sie mit.«

Ich kannte sie. Bei Schulfeiern, Elternabenden oder Klassenausflügen haben wir stets ein paar Worte gewechselt, ich hatte ihr vor ein paar Jahren sogar umsonst meine Arbeitskraft zur Verfügung gestellt, damals, als die Schulkantine vergrößert wurde (die »Mensa«, wie sie seither hieß). Alles war gut verlaufen, und ich hatte den Eindruck, wir hätten ein gutes Verhältnis.

Nun liefen wir an dem neuen Gebäude entlang, ich fragte sie, ob damit alles in Ordnung sei, aber sie antwortete mir nicht. Oder hatte mich nicht gehört. Ihr Gesichtsausdruck war unfreundlich, ihr Schritt zügig und ihre Hand zur Faust geballt.

Ihr feindseliges Auftreten warf mich um fast vierzig Jahre zurück. Plötzlich fühlte ich mich in die Haut eines kleinen Jungen zurückversetzt, der etwas ausgefressen hatte und hinter der Rektorin herlief, ohne zu mucken, und der sich fragte, wie wohl seine Strafe aussähe und ob man seine Eltern informieren würde. Ein sehr unangenehmes Gefühl, das können Sie mir glauben.

Sehr unangenehm und sehr seltsam.

Sehr unangenehm im Hinblick auf mich, denn es war mehr als ein Gefühl, es war eine Erinnerung – ich war ein äußerst lebhaftes Kind gewesen, einer dieser Jungen, die man am Ohr durch den Schulhof zog, als wollte man sie zum Schafott führen –, und sehr seltsam im Hinblick auf meinen Sohn Valentin, er war nämlich das umgänglichste, wohlerzogenste und liebste Kind.

Was hatte er bloß angestellt?

Zum zweiten Mal an diesem Vormittag stand ich vor einem Rätsel, das meine Fähigkeiten überstieg. Was war im Kopf meines sechsjährigen Sohns schiefgelaufen, dass seine kleine Welt, jedenfalls die seiner Schule, solche Maßnahmen ergriff, Risse zeigte, die von »Verschiebung«, »Versatz« oder »Neigung« kündeten?

Bei seinen Brüdern hätte ich mich nicht gewundert, aber bei ihm? Er hatte seine Lehrerin immer vergöttert, hielt seine Hefte in Ordnung, gab anderen seine Spielsachen, und wenn er in den Ferien bei meinen Schwiegereltern war, rannte er von morgens bis abends um das Schwimmbecken herum, um Insekten herauszufischen, die zu ertrinken drohten, anstatt selbst darin zu baden. *Er* sollte bestraft werden?!?

Mein Weihnachtsgeschenk, wie ich ihn gerne nenne, und das war er auch, im wahrsten Sinne des Wortes. Seine beiden Brüder waren schon groß, Thomas war acht und Gabriel sechs, als Juliette, seine Mama, mich eines Abends fragte, was ich mir zu Weihnachten wünschte, und ich antwortete: ein Kind. Weihnachten haben wir zwar knapp verfehlt, aber da er Mitte Februar auf die Welt kam, wurde es ein Valentin.

Ein Valentin und ein Wunder von einem Kind.

Wie konnte mein Weihnachtsgeschenk mit seinen kaum sechs Jahren die Rektorin der Schule in einen solchen Zustand versetzen? Das war nicht zu fassen.

das Büro

Das Büro der Rektorin befand sich im Hauptgebäude im ersten Stock. Sie ging vor mir hinein und bedeutete mir, ihr zu folgen, ohne mich auch nur eines Blickes zu würdigen.

Ich trat ein.

»Schließen Sie die Tür«, sagte sie zu mir.

Hätte ich einen Spannungsmesser dabeigehabt, dann

hätte mir das Gerät noch vor dem Anzeigen der Messdaten einen elektrischen Schlag versetzt. Das hier war kein Elterngespräch, es war ein elektromagnetisches Feld.

Im Raum befanden sich ein düster dreinblickender Mann, der meinen leisen Gruß mit einem kaum merklichen Nicken erwiderte, an seiner Seite eine Frau, die so verkniffen aussah, dass sie nicht genügend Luft bekam, um auf meinen Gruß zu antworten, zwischen ihnen ein kleiner Junge, vermutlich ihr Sohn, in einem Rollstuhl, der den Blick nicht hob, so sehr war er damit beschäftigt, von seiner Hose einen imaginären Schmutzfleck zu entfernen, und ihnen gegenüber, allein, am Fenster, mein kleiner Valentin.

Er stand im Gegenlicht und hatte den Kopf gesenkt. Ich konnte sein Gesicht nicht sehen.

Valentin

»Valentin wird Ihnen erklären, warum ich Sie heute Morgen zusammen mit Maximes Eltern einbestellt habe«, verkündete die Rektorin und wandte sich an meinen Sohn.

Keine Antwort.

»Valentin«, wiederholte sie, »jetzt hab wenigstens den Mut, deinem Vater zu erzählen, was du getan hast.«

Maximes Papa sah meinen Sohn streng an, Maximes Mama schüttelte empört den Kopf und kaute auf einem Taschentuch, Maxime sah aus dem Fenster, und Valentin schaute auf seine Füße.

»Valentin«, sagte ich sanft, »erzähl mir, was du getan hast.«

Keine Antwort.

»Valentin, sieh mich an.«

Mein Sohn gehorchte, und vor mir stand ein Kind, das ich noch nie gesehen hatte. Es war auch kein Kind, es war eine Wand. Sein Gesicht war eine Wand, und diese Wand war weitaus solider als die Wände, die mich vor einer halben Stunde noch beschäftigt hatten. Eine Wand, die von zwei hellen unbeweglichen Augen durchbrochen war. Eine Stützmauer.

Natürlich zeigte ich nach außen keinerlei Regung, aber ich lächelte in mich hinein. Er war so goldig, der kleine Dickschädel, wie ein junger Soldat vor dem Kriegsgericht. Nein, er war nicht goldig, er war wunderschön.

So schön, so still und so blass, dass man ihn für eine Kinderbüste aus weißem Marmor hätte halten können.

»Valentin«, wiederholte die Rektorin, »bitte zwing mich nicht dazu, es deinem Vater sagen zu müssen.«

Maximes Mama entfuhr ein leiser Schluchzer, und dieser Schluchzer nervte mich. Was war hier eigentlich los? Ihr Sohn war am Leben, soweit ich sehen konnte, und für seinen Zustand war mein Sohn schließlich nicht verantwortlich! Ich wollte mich gerade einmischen, wollte meinem Ärger Luft machen, als mein Junge sich dazu entschloss, ein Geständnis abzulegen, und dafür kann ich ihm nicht genug danken, denn er hinderte mich daran, mich vor dieser wütenden und zugleich traurigen Versammlung lächerlich zu machen.

»Ich hab den Reifen von Maximes Rollstuhl zerstochen …«, flüsterte er.

»Genau!«, gab die Rektorin sichtlich zufrieden zurück, »du hast mit deiner Zirkelspitze den Reifen am Rollstuhl deines Klassenkameraden zerstochen! Genau das hast du getan! Bist du stolz auf dich?«

Keine Antwort.

Keine Antwort von einem sechsjährigen Jungen, der bisher für sein umgängliches Naturell bekannt gewesen war, hieß »ja«, und wenn er schon die volle Verantwortung für sein Verhalten übernahm, dann war das Mindeste, was wir tun konnten, eine kleine Untersuchung einzuleiten.

Vorsicht, ich will damit nicht sagen, dass ich bereit war, die Vergehen meines Sprösslings zu dulden oder zu verzeihen, aber es ist nun mal mein Job, Untersuchungen durchzuführen, um die Verantwortlichkeiten aller an einer Streitsache Beteiligten zu klären, und ich legte großen Wert auf eine solche vorherige Begutachtung, ehe ich die Gründe für einen Schadensfall ermittelte.

Ich deckte nicht meinen Sohn, ich wendete das Gesetz an. Ich wendete das Gesetz an und ging damit besonders sorgfältig um, weil ich seit heute Morgen eine extrem penible Beziehung zur Wahrheit unterhielt.

Seit Monaten war ich von Leuten gestresst, bedrängt und in die Enge getrieben worden, die mit der Wahrheit Katz und Maus spielten, und ich brauchte für mich nun wirklich allergrößte Klarheit.

»Bist du stolz auf dich?«, fragte sie noch einmal.

Keine Antwort.

Die Rektorin wandte sich Maximes Eltern zu und hob die Hände, um ihrer Verärgerung Ausdruck zu verleihen.

Erleichtert über Valentins Geständnis und zugleich

beruhigt durch die verlässliche Unterstützung seitens der Staatsmacht, stand Maximes Papa auf, und seine Mama packte ihr Taschentuch weg.

Die Spannung sank um mehrere tausend Volt, und man konnte spüren, dass es jetzt an der Zeit war, sich ernsteren Dingen zuzuwenden. Als da wären: die Sanktionen. Welche Strafe wäre hart genug für so eine feige Tat? Denn wir sind uns einig, die Damen und Herren Geschworenen, es gibt nichts Schlimmeres auf der Welt, als sich an einem wehrlosen behinderten Kind zu vergreifen, nicht wahr?

Ja, ich spürte, dass sich die Stimmung entspannte, und mir gefiel die Art dieser Entspannung nicht. Sie gefiel mir nicht, weil sie die Risse für meinen Geschmack etwas zu rasch stopfte. Ich kannte meinen Sohn, ich kannte seine Grundfesten, und ich wusste, aus welchem Holz er geschnitzt war, und es gab überhaupt keinen Grund, weshalb er ohne Not so etwas hätte machen sollen. Überhaupt keinen.

»Warum hast du das gemacht?«, fragte ich ihn und schenkte ihm ein unsichtbares Lächeln, das sich in den Brauen meiner vermeintlich böse funkelnden Augen versteckte.

Keine Antwort.

Ich war fassungslos. Ich wusste, dass mein Filius meine vermeintlich verärgerte Grimasse durchschaut hatte, warum legte er diese böse Maske dann nicht ab? Warum vertraute er mir nicht?

»Willst du es nicht sagen?«

Er schüttelte den Kopf.

»Warum willst du es nicht sagen?«

Keine Antwort.

»Er will es nicht sagen, weil er sich schämt!«, behauptete Maximes Mama.

»Schämst du dich?«, wiederholte ich sanft und hielt seinen Blick fest.

Keine Antwort.

»Hm, hören Sie …«, seufzte die Rektorin, »ich will Sie nicht länger aufhalten, und wir wollen wegen dieser unerfreulichen Angelegenheit nicht noch mehr Zeit verlieren. Die Fakten sind klar: Valentin hat einen Reifen von Maximes Rollstuhl zerstochen, und das ist unentschuldbar. Wenn Valentin nicht reden möchte, dann hat er Pech gehabt, er wird bestraft werden und bekommt so die Zeit, über sein Verhalten nachzudenken.«

Zufriedenes Seufzen im Gerichtssaal.

Ich ließ meinen Sohn nicht aus den Augen. Ich wollte verstehen.

»Geh zurück in deine Klasse«, befahl sie ihm.

Während er zur Tür ging, sprach ich ihn an:

»Valentin, *willst* du es nicht sagen oder *kannst* du es nicht sagen?«

Er erstarrte. Keine Antwort.

»Kannst du es nicht sagen?«

Keine Antwort.

»Kannst du es nicht sagen, weil es ein Geheimnis ist?«

Und weil er jetzt zum ersten Mal mit dem Kopf nickte, gestattete die wippende Bewegung seines Nackens zwei riesengroßen Tränen, die sich in seinen Wimpern verfangen hatten, sich endlich zu lösen und langsam über seine Wangen zu laufen.

Oh ... Ich schmolz dahin. Wie gern hätte ich mich in diesem Moment vor ihn hingekniet, um ihn in die Arme zu schließen. Ihn fest zu drücken und ihm ins Ohr zu flüstern: »Ist ja gut, mein Kleiner, ist ja gut. Du hast ein Geheimnis und willst es nicht ausplaudern, nicht einmal unter Androhung von Strafe. Ich bin stolz auf dich, weißt du. Ich habe keine Ahnung, warum du das getan hast, aber ich weiß, dass du deine Gründe hattest, und das genügt mir. Ich kenne dich, ich vertraue dir.«

Natürlich rührte ich mich nicht. Nicht weil ich die Rektorin fürchtete oder aus Rücksicht auf das Schamgefühl meines Sohnes, sondern aus Respekt vor Maximes Eltern. Aus Respekt vor einem Schmerz, der mit dieser blöden Reifengeschichte nichts zu tun hatte. Aus Respekt vor diesen Leuten, die sich ebenfalls liebend gern vor ihrem kleinen Jungen hingekniet hätten, um ihn an ihr Herz zu drücken.

Ich rührte mich nicht, aber meine Déformation professionnelle brach sich Bahn. Genau in diesem Moment wurde mir klar, dass es an der Zeit war, ihretwegen, meinetwegen, Valentins und Maximes wegen und wegen der ganzen Institution Schule, die hier von der Rektorin vertreten wurde, mein ich weiß nicht wievieltes Gutachten in Angriff zu nehmen.

Ja, es war meine Aufgabe, »*die erforderlichen Maßnahmen festzusetzen, um den Bau zu sichern und eine Zunahme der Schäden zu verhindern*«, also legte ich meinem Sohn die Hand auf die Schulter, damit er das Zimmer nicht verlassen konnte, und indem ich ihn an meine Beine drückte, drehte ich uns beide so um, dass wir Maximes Eltern gegenüberstanden.

Ich sah sie an und sagte:

»Hören Sie zu, ich will meinen Sohn nicht verteidigen, was er getan hat, kann ich nicht gutheißen. Daher wird er mir helfen, den Schaden zu reparieren, denn ich habe Flickzeug in meinem Kofferraum und werde die Gelegenheit nutzen, um ihm, vielmehr beiden Jungen«, sagte ich und lächelte Maxime zu, »zu zeigen, wie man einen Schlauch repariert. Das schadet nicht und könnte ihnen im Leben nützlich sein. Machen wir uns also ans Werk. Die Sache mit dem Rollstuhl ist nicht so wichtig. Wichtig ist vielmehr, und daran glaube ich, auch wenn ich weiß, dass das, was ich sagen werde, Sie schockieren könnte, ich glaube tatsächlich, dass Valentin Ihrem Sohn heute Morgen einen Gefallen getan hat. Er hat ihm einen Gefallen getan, weil er keinen Unterschied zwischen ihm und sich gemacht hat. Und wissen Sie warum? Weil er vermutlich auch keinen sieht. Maxime ist für Valentin weder schwach noch verletzlich, er ist ein Junge wie alle anderen auch, der folglich dieselben harten Gesetze des Pausenhofs ertragen muss wie die anderen. Valentin hat ihn nicht diskriminiert, nicht einmal im Sinne einer positiven Diskriminierung, wie wir Erwachsenen sagen würden, die wir für alles komplizierte Wörter finden, nein, er hat ihn behandelt wie seinesgleichen. Aus Gründen, die wir nicht kennen und die wir nicht zu wissen brauchen, denn die Geheimnisse unserer Kinder sind heilig, musste Valentin Ihrem Sohn wehtun. Hätte er es gekonnt, hätte er ihm den Arm verdreht oder ein Bein gestellt oder gegen das Schienbein getreten oder was auch immer getan, aber weil er das nicht konnte, hat er sich an den Rollstuhl gehalten. Das ist sein gutes Recht. Das ist sein gutes Recht, und ich würde sogar behaupten, es ist gesund. Unsere Kinder betrachten sich als ebenbürtig, und es ist ein Fehler«, und jetzt wandte ich mich an die Rektorin, »so einem lächerlichen Vorfall so viel Bedeutung beizumessen. Hätte Valentin sich mit einem anderen Jungen auf dem Schulhof in die Wolle gekriegt«, fragte ich sie, »hätten Sie uns dann auch mit Blaulicht einbestellt? Nein. Natürlich nicht. Die Aufsichtsperson hätte die beiden getrennt, und fertig. Und das hier ist das Gleiche, ein Junge hat einem anderen ein Bein gestellt, nicht mehr und nicht weniger.« Dann drehte ich mich wieder zu Maximes Eltern um: »Ich wiederhole es noch einmal, ich will meinen Sohn nicht entschuldigen, ich entschuldige ihn nicht, und ich wünsche auch, dass er bestraft wird, aber ich bleibe dabei, als er den Reifen zerstochen hat, hat er Ihren Sohn nicht gedemütigt, sondern ihm im Gegenteil seine Ehre erwiesen.«

Da ich es eilig hatte, auf meine Baustelle zurückzukehren, und sie mir allesamt auf die Nerven gingen, diese Erwachsenen, die keine Ahnung von Kindern hatten, weil sie alles über ihre eigene Kindheit vergessen hatten, wartete ich nicht, bis sie meine Tirade kommentierten, sondern setzte meine Stützungsmaßnahmen fort.

»Sagen Sie mir doch«, wandte ich mich an die Rektorin, »wo wir eine Schüssel Wasser herbekommen, und du, Valentin, schiebst jetzt vorsichtig diesen Rollstuhl und kommst mit mir zum Parkplatz.«

Während der eine oder andere allmählich aus seiner Starre erwachte, immer noch ein wenig benommen von meiner Diagnose des Schadensfalls, fasste ich dem kleinen

Maxime unter die Arme, um ihn zu seinem Flickkurs zu tragen.

Er war nicht schwer, ich hob ihn hoch, schnell und mit Schwung, und in diesem Moment war ich derjenige, ja, ich, der von den vier anwesenden Erwachsenen im Raum den größten Schlag abbekam.

Ich wurde von einem Schwindel ergriffen, wie ich ihn noch nie in meinem Leben erlebt hatte. Beinahe wäre ich gestrauchelt.

Nein, Entschuldigung, wir sollten bei der Wahrheit bleiben, »Schwindel« ist nicht das richtige Wort. Als ich diesen kleinen Jungen von sechs Jahren hochhob, wurde ich nicht von einem Schwindel ergriffen, ich habe ein Gefühl der Trauer empfunden, das so stark war, dass es mich aus dem Gleichgewicht gebracht hat.

Wie kam es zu diesem »Versatz«, wo ich vor noch nicht einmal einer Minute unbeirrt an meinen Überzeugungen festgehalten und alle ins Gebet genommen hatte, dabei sogar noch an der Souveränität der Amtsgewalt gekratzt hatte?

Weil.

Weil ich Vater von drei Jungen bin. Weil ich in den letzten fünfzehn Jahren schon mehrere hundert Mal ein Kind hochgehoben habe, um es in den Arm zu schließen. Viele hundert, ja tausend Mal.

Weil, und alle Erwachsenen, die das Gleiche getan haben, werden mich verstehen, es hat etwas … ich weiß nicht … keine Ahnung, aber Wahrheit verpflichtet, ich muss das richtige Wort finden … etwas … Zärtliches, Beruhigendes, Tröstliches, Sicherheit Gebendes, ja, genau das ist es, etwas

Sicherheit Gebendes – und Gott weiß, dass ich mich mit Strategien der Absicherung und Stärkung tragender Wände auskenne und mit Sicherungsmaßnahmen für die Seele wie für den Körper –, wenn man ein Kind auf den Arm nimmt, und das liegt am »Koalareflex«.

Kaum hat man sie hochgehoben, ziehen die Kinder wie die Jungen aller Säugetiere, vermute ich, die Beine an, um sie um unsere Taille zu schlingen. Sie denken nicht darüber nach, sie denken nie darüber nach, es ist ein Reflex. Kaum strecken wir ihnen die Arme entgegen, gestattet ihnen ihre Lebensklugheit sofort, sich rasch und sicher an uns festzukrallen, wodurch sie uns weniger schwer vorkommen.

Wunderbare Natur.

Wunderbare Natur, und doch so ungerecht, launisch und grausam, die den einen zugesteht, was sie den anderen verwehrt: Dieser kleine Maxime mit seinen schlaffen Beinen, die an mir herabhingen, während ich ihn anlächelte, auf ihm schien die ganze Trauer der Menschheitsgeschichte zu lasten.

Darauf war ich nicht gefasst gewesen, und ich wankte vor Schreck.

Auf einmal war ich nicht mehr der große Experte vom Dienst, der alles weiß und mit vollen Händen Empfehlungen verteilt. Ich holte Maximes Beine zu mir heran, indem ich sie unterfasste, verabschiedete mich von der Rektorin und bot seinen Eltern bescheiden an, mit mir zum Parkplatz zu gehen.

Wenn wir schon flicken wollten, dann alle gemeinsam, das wäre lustiger.

Lustiger wurde es. Maximes Papa hieß Antoine und seine Mama Claire. Sie waren nicht verärgert, sie waren müde.

Da ich keine Lust hatte, auf die warmen Arme ihres Sohns zu verzichten – eine unbewusste Sehnsucht, nehme ich an – und für meine Gereiztheit und meine Predigt von vorhin zu büßen, desgleichen dafür, dass meine drei Kinder gesund waren, hat Claire ein Gefäß mit Wasser geholt, und Antoine hat den Reifen abmontiert. Er hat den Jungen auch gezeigt, wie man in einem Schlauch ein Loch findet, indem man nach den Luftbläschen Ausschau hält, und wie wichtig es ist, das Gummi gut aufzurauhen und zu säubern, bevor man den Kleber aufträgt. Währenddessen diente ich als Kran, als Greifarm, als Gabelstapler und als Hebebühne für einen kleinen, äußerst neugierigen Jungen.

Eine Rolle, die mir gefiel. Ich hatte mich auf einer Baustelle schon lange nicht mehr so nützlich gefühlt!

Leider hatte ich nicht die Zeit, mich anschließend von Antoine und Claire auf einen Kaffee einladen zu lassen, denn meine Messdaten warteten auf mich. Aber wir trennten uns versöhnt und wiederhergestellt, während Maxime und Valentin erneut ihren leidigen Pflichten nachkamen.

Maxime drehte selbst die Reifen seines Rollstuhls, und Valentin lief neben ihm her.

Ich wollte schon zu ihm sagen: »Könntest du ihn vielleicht schieben!«, aber ich schwieg.

Ein bisschen Logik, Herr Gutachter, ein bisschen Logik.

183 Millimeter

183 Millimeter auf der G1, 79 auf der G2, 51 auf der 3Dim und 12 auf der Achse, verkündete mir François, kaum dass ich aufgelegt hatte, ich hatte mein Handy mitsamt Juliettes Ängsten noch nicht einmal zurück in die Jacke gesteckt.

Als ich nicht reagierte, setzte er nach: »Wundert's dich?«

Die Heckklappe seines Dienstwagens stand offen, und er saß auf einem leeren Kanister und klimperte auf seinem Laptop herum, der vor ihm im Kofferraum stand.

»Wundert dich das nicht?«, fragte er, während ich von Neuem die Nordfassaden der Ulmenresidenz am Boulevard Pasteur betrachtete, dieses wunderbare Immobilienprojekt mit 59 Wohnungen, »schlüsselfertig« geliefert, wie auf einem vier mal drei Meter großen Schild direkt vor mir zu lesen stand – im Juli letzten Jahres.

»Das … ich weiß nicht«, seufzte ich, »wie lange brauchst du noch?«

»Ich bin fast fertig.«

»Komm, du machst nachher weiter. Ich hab Hunger. Lass uns was essen gehen.«

in Wahrheit

In Wahrheit hätte ich nie versucht, Valentins Geheimnis in Erfahrung zu bringen, und vermutlich hätte ich es auch nie erfahren, wenn Léo, Thomas' bester Freund, nicht eine kleine sechsjährige Schwester hätte.

Diese kleine Schwester hieß Amélie, und diese Amélie war ein Plappermäulchen. Am selben Nachmittag hatte sie ihrem Bruder von Valentins »Vergehen« erzählt – einem Vergehen, das in der Schule die Runde gemacht hatte, das der Hauptgesprächsstoff aller an diesem Tag anwesenden Schüler und Erwachsenen war und das in diesem Pausenhof für die nächsten Jahrhunderte ein großes Rätsel bleiben würde, keine Frage –, Amélie war ein Plappermäulchen, und am selben Abend, als wir beim Essen saßen, bekamen Juliette und ich Folgendes zu hören:

GABRIEL He, Vava?

VALENTIN Was ist?

GABRIEL Stimmt es, dass du heute einem Typen in deiner Klasse den Reifen am Rollstuhl zerstochen hast?

VALENTIN Ja.

Großes Gelächter seitens der Älteren.

THOMAS Habt ihr *1000 Kilometer* gespielt und du hast vergessen, dass es ein Kartenspiel ist?

Noch größeres Gelächter.

GABRIEL Womit hast du zugestochen? Mit einer Reißzwecke?

VALENTIN Nein.

THOMAS Mit einem Nagel?

VALENTIN Nein, mit meinem Zirkel.

Noch viel größeres Gelächter.

THOMAS Warum? Was hat er dir getan?

(Und ich konnte sehen, wie klug Kinder sind: Rollstühle haben per se nichts, wovor man Respekt haben müsste, und in einem Pausenhof kriegt man nie grundlos eins auf die Mütze.)

Keine Antwort.

GABRIEL Willst du es nicht sagen?

Keine Antwort.

THOMAS Hat er dich beleidigt?

Keine Antwort.

GABRIEL Hat er dir dein Mäppchen geklaut, der Dummkopf?

VALENTIN *(geschockt)* Der ist überhaupt nicht dumm. Der ist sogar der Beste in der Klasse. Außerdem kann er schon lesen und kann schon schreiben.

GABRIEL Ach so? Ja, dann sag doch mal, was er dir getan hat.

Keine Antwort, und unserem kleinen Valentin kamen schon wieder die Tränen.

Die Großen liebten ihren kleinen Bruder, auch für sie war er ein Geschenk, und ihn so zu sehen, mit verzerrtem Mund und feuchten Augen, tat ihnen weh.

GABRIEL Vava, sag uns sofort, was er dir getan hat, sonst fragen wir ihn morgen selbst.

VALENTIN *(dessen versteinerte Haltung angesichts einer solchen Drohung sofort Risse bekam, vom Kopf bis zu den Füßen, und der nun vollends zusammenbrach)* Das kann ich euch nicht sagen, schluchzte er, sonst schimpft Mama mit mir.

JULIETTE *(amüsiert und ergriffen, aber vor allem ergriffen)* Nein, komm schon. Sag es ruhig. Ich verspreche dir, dass ich nicht mit dir schimpfen werde.

GABRIEL *(triumphierend)* Ah, ich weiß! Ich weiß! Es hat mit den Pokémon-Karten zu tun!

VALENTIN *(Rotz und Wasser heulend)* Ja … jaaaa.

Die Pokémon-Karten waren bei uns zu Hause ein heikles Thema, weil Valentin (geimpft, eingeweiht, geprägt, bekehrt, indoktriniert und angestachelt von seinen Brüdern) ganz verrückt danach war und ihretwegen schon mehrmals bestraft worden war. Seine Mutter hatte ihm folglich ausdrücklich untersagt, sie mit in die Schule zu nehmen, wo sie im Übrigen ebenfalls ausdrücklich untersagt waren. (Und plötzlich begriff ich, warum er vor der Rektorin so hartnäckig geschwiegen hatte und sich lieber für Feigheit bestrafen ließ als für Ungehorsam.)

Angesichts einer solchen Flut an Tränen, eines derart großen Kummers und eines derartigen moralischen Rückgrats, erlaubte ich mir endlich, was ich mir am Morgen noch versagt hatte: Ich stand vom Tisch auf und ging zu meinem Sohn, um ihn in den Arm zu schließen.

Er lag nun in meinen Armen mit seinem Geruch nach Kreide, Honig, Unschuld, Müdigkeit, mildem Shampoo und kindlicher Verzweiflung, er lag in meinen Armen mit seiner feuchten Schnauze und seinen Koala-Pfötchen, die mich umschlossen, und von der Schulter seines Papas schluchzte er in Richtung seiner Brüder: »Er … er hat mich … mich angelogen. Er hat mir eine … eine … superseltene Karte abgenommen für ei… eine wertlose Karte … weil er mir … nämlich erzählt hat, dass es ei…eine … eine legendäre ist.«

»Welche hat er dir abgenommen?«, fragte Gabriel ungerührt.

»Meine Skaraborn EX mit 180 KP.«

»Bist du wahnsinnig?!«, rief Thomas aus, »die darfst du doch nicht tauschen, niemals!«

»Welche hat er dir dafür gegeben?«, fuhr Gabriel fort.

»Knuddeluff.«

Stille.

Die beiden Großen waren stehend k. o. gegangen. Nach ein paar Sekunden der Schockstarre wiederholte Thomas ungläubig:

»Knuddeluff? Das doofe kleine Knuddeluff mit 90 KP?!?«

»Ja… jaaa«, Valentin schluchzte noch lauter.

»Aber … aber«, japste Gabriel entrüstet, »man braucht es sich doch bloß anzusehen, das kleine Knuddeluff, um zu wissen, dass das nichts taugt! Das ist doch ganz rosa! Wie ein alberner Teddybär für Mädchen!«

»Ja, aber … aber er hat mir gesagt, dass … dass das ein … ein legendäres Pokémon ist.«

Thomas und Gabriel standen unter Schock. Ein Skaraborn EX gegen ein Knuddeluff zu tauschen, das war schon schlimm genug, aber so einen Coup auch noch damit zu begründen, dass man behauptet, Knuddeluff wäre ein legendäres Pokémon, das, also, das war wirklich der Gipfel an Niedertracht und Schäbigkeit, den ein Pausenhof je erlebt hatte. Ich betrachtete ihre entgleisten Gesichtszüge, sie sahen aus wie gerupft, und ich lachte laut auf. Sie erinnerten an zwei kleine Mafiosi, die von einem sechseinhalbjährigen Joe Pesci übers Ohr gehauen worden waren.

Nach einminütiger Grabesstille, in der man nur das Besteck hören konnte, das gegen Teller schlug, ließ Thomas schließlich die Totenglocke läuten:

»Du warst noch viel zu lieb, Valentin. Viel zu lieb. Du hättest ihm beide Reifen zerstechen sollen, diesem Seeräuber!«

Nachdem ich ihn vorhin in seinem Bett gut zugedeckt hatte, fragte ich ihn:

»Sag mal, was heißt eigentlich KP?«

»Kraftpunkt.«

»Ach so … verstehe.«

»Je mehr KP dein Pokémon hat«, schob er hinterher, zog unter seiner Matratze eine Karte heraus und zeigte mir die Zahl rechts oben, »umso stärker ist es. Verstehst du?«

Ich wusste, dass jetzt nicht der passende Moment dafür war, aber ich konnte nicht widerstehen und fragte:

»Hast du die Karte mit dem Knuddeluff noch?«

Sein Blick verfinsterte sich sofort.

»Ja«, stöhnte er, »aber die ist völlig wertlos.«

»Würdest du sie mit mir tauschen?«, fragte ich und schaltete seine Nachttischlampe aus.

»Auf keinen Fall, die tausche ich nicht«, antwortete er gähnend, »die schenk ich dir. Die ist total wertlos. Aber wofür willst du die haben?«

»Als Erinnerung.«

*

»Als Erinnerung an was?«

Valentin war eingeschlafen, bevor er eine Antwort von mir erhalten hatte, und das war auch besser so, ich kannte sie nämlich selbst nicht.

Was hätte ich ihm antworten sollen?

Als Erinnerung an dich. Als Erinnerung an mich. Als Erinnerung an deine Brüder und an eure Mama. Als Erinnerung an diesen Tag.

Sobald ich die Antworten kenne, schreibe ich Berichte.

Ich verbringe mein Leben damit, Berichte zu schreiben, damit verdiene ich mir meine Brötchen.

Es ist jetzt schon fast drei Uhr morgens, das ganze Haus schläft, ich sitze immer noch in meinem Büro und beende gerade meinen ersten Bericht, den ich geschrieben habe, ohne die Antwort zu kennen.

Ich wollte einfach festhalten, was ich heute erlebt habe.

Meine Familie, meinen Job, meine Sorgen, meine Zweifel, was mich noch wundert und was nicht mehr, meine Lebensfreude, meine Privilegien, mein Glück.

Meine Fundamente.

Meine Kraftpunkte.

SŁAWOMIR MROŻEK

Der achte Tag

Der Herrgott arbeitete sechs Tage und ruhte am siebenten. Der Mensch ist nicht der Herrgott, er wird schneller müde, also fand er, dass er den Sonnabend als Ruhetag verdiente.

Diese Entscheidung stieß auf keinen wesentlichen Widerspruch bei der höchsten Instanz.

»Wenn das mit dem Sonnabend gelungen ist, gelingt es vielleicht auch mit dem Freitag«, dachte ich und richtete ein Gesuch dieses Inhalts an den Herrgott:

»Im Zusammenhang mit der Müdigkeit, die ich nach dem Montag, Dienstag, Mittwoch, Donnerstag und Freitag empfinde, bitte ich höflichst darum, mir auch den Freitag als freien Arbeitstag zuzugestehen. Homo sapiens.«

Es gab keine Antwort, aber ich befand, dass mir der Freitag zugestanden war.

Jedoch blieb zwischen dem Mittwoch und dem Rest der Woche dieser fatale Donnerstag. Nichts ist so anstrengend wie die Arbeit am letzten Arbeitstag der Woche. Also schrieb ich, dieses Mal kühner:

»Der Mensch ist ein denkendes Schilfrohr (Blaise Pascal 1623–1662). Ich glaube, dass ich am Donnerstag auch nicht arbeiten muss.«

Jetzt hörte ich schon Mittwochmittag auf zu arbeiten.

Ja, aber dieser Mittwoch ... Das Schweigen des Herrgotts machte mir Mut.

»Ich fordere die Liquidierung des Mittwochs als Arbeitstag. Prometheus.«

In der Angelegenheit des Dienstags rebellierte ich schon offen:

»Mensch – das klingt stolz (Maxim Gorki 1868–1936). Der Dienstag verunglimpft meine Würde. Ich lehne ihn kategorisch ab und höre am Montag auf.«

Es gab keine Antwort, so ging das mit dem Montag schon ganz leicht. Es genügte ein Telegramm.

»Montag ist ausgeschlossen.«

Jetzt hatte ich sieben Tage in der Woche frei und war stolz auf meine Revolte (*L'homme révolté*, Albert Camus 1913–1960). Aber nach einer gewissen Zeit bemerkte ich, dass die Woche nur sieben Tage hat und dass ich deshalb mehr als sieben freie Tage in der Woche nicht haben kann. So eine Begrenzung meiner Freiheit schien mir unzulässig. Ich telegrafierte also an den Herrgott:

»Sofort den achten Tag erschaffen!«

Er hat nicht geantwortet, was mich endgültig davon überzeugte, dass Nietzsche recht hatte (Friedrich Nietzsche 1844–1900) und dass es den Herrgott nicht gibt. Aber wer ist in dem Fall schuld, dass die Woche nur sieben Tage hat und dass ich mehr als sieben freie Tage in der Woche nicht haben kann?

Ich nahm einen Stock und schlich mich auf die Treppe. Wenn der Nachbar vorbeikommt, zieh ich ihm eins über.

Irgendjemand muss ja schließlich schuld daran sein, dass ich zu kurz komme.

KRISTINA SCHILKE
Ich bin es

Die psychiatrische Tagesklinik Sankt Johannesweide umfasst ein weitläufiges Gelände. Die Patienten werden in diesem niederbayerischen Juwel der Heilungsanstalten fünf Tage die Woche von sieben Uhr früh bis sechs Uhr abends aufgenommen. Seit drei Wochen ist diese Klinik mein Leben. Drei Wochen. Da kann noch kein Antidepressivum wirken, da kann es noch niemandem grundlegend besser gehen. Das bekomme ich oft zu hören, und ich stimme dem im Grunde auch zu. Ich bleibe geduldig und stelle lediglich fest, dass die Antidepressiva bislang keine Wirkung auf meine Psyche zeigen, sehr wohl aber auf mein Erektionsvermögen.

Jeden Tag mache ich ausgedehnte Spaziergänge über das Klinikgelände. Nicht aufgrund von Selbstdisziplin oder Genesungswillen, sondern weil ich nicht weiß, was nach sechs Uhr noch zu tun wäre. Stundenlang spaziere ich über die Hügel, an den Bäumen entlang und dem Teich mit Fröschen vorbei. Ich fahre erst dann heim, wenn es dunkel geworden ist. Aber da der Sommer unaufhaltsam voranschreitet, zögert sich dieser Augenblick von Tag zu Tag weiter hinaus. Zu Hause schlafe ich wie ein Ermordeter, mache nach dem Aufstehen eine minimale Morgentoilette, rühre keinen Bissen an, trinke nicht einmal Kaffee und fahre wieder zur Klinik.

Die Wochenenden verschlafe ich, leider nicht durchgehend, sondern mit Unterbrechungen, unruhig und traumlos. Beim Aufwachen bin ich schließlich genauso ausgelaugt wie beim Einschlafen. In den wachen Stunden schalte ich den Fernseher ein. Irgendwann denke ich daran, etwas zu essen. Dafür gehe ich zum Türken nebenan, es ist der einzige Türke in Waldesreuth, er bietet Döner an. Sobald ich den Laden betrete, fängt er schweigend mit der Zusammenstellung meines Essens an, ich nehme immer dasselbe, Salatauswahl und ein Glas Schwarztee. In einer Ecke des Ladens hängt ein Fernseher, der auf einen Nachrichtenkanal eingestellt ist. Die Nachrichten sehe ich mir unbeteiligt an, denn ich warte nur. Ich warte auf Montag, sieben Uhr früh.

Im Teich wachsen langsam die Kaulquappen heran. Die stärksten und fettesten unter ihnen können nur überleben, indem sie zu Kannibalen werden. Von der Bevölkerung des Teichs mit Kaulquappen und Fröschen weiß ich, weil ich das Gemenge im Wasser beim Spazierengehen selbst entdeckt habe. Die Ärzte hatten eher nebenbei erwähnt, dass es auf dem Gelände durchaus vieles zu entdecken gebe.

Auch nach einem Monat kann ich mir meinen Wochenplan in der Klinik nicht merken, deshalb hängt er über meinem Bett, notiert auf einem karierten Zettel. Am Montag zum Beispiel ist als Erstes die gemeinsame Frühstücksvorbereitung dran, danach die Gruppensitzung, danach die Bewegungstherapie und so weiter. Ich kann mir meinen Wochenplan nicht merken, weil ich an depressionsbedingtem Gedächtnisschwund leide. Das soll sich laut den Ärzten mit den Medikamenten, den Gesprächen und den anderen Angeboten in der Klinik bessern.

Um mich von der Frage abzulenken, ob ich verrückt werde, achte ich auf die Besonderheiten der Natur, während ich das Klinikgelände durchstreife: ein vertrockneter Regenwurm; sich paarende, aneinanderhängende Käfer; Wind; Sonne; Pappelflusen, die im Gras hängen bleiben. Erscheinen mir meine Beobachtungen lächerlich? Vielleicht. Ich hätte sie nie gemacht, wenn ich gesund geblieben wäre, aber die Ärzte hatten mir die Aufgabe gegeben, *achtsam* zu sein, mir meiner Umwelt *bewusst zu werden*. Ich hatte also keine Wahl.

In letzter Zeit habe ich viel über mein Bild aus der Kunsttherapie diskutieren müssen. Unbeholfen habe ich ein galoppierendes Pferd gemalt, von dem ein Mann stürzt, aber statt auf den harten Boden fällt er auf eine Blumenwiese. Ich musste darüber reden, als ob ich wüsste, was das Bild zu bedeuten hat oder weshalb ich es gemalt habe.

Unterdessen sind die Nächte so kurz geworden, dass ich meine Wohnung für nur vier, fünf Stunden Schlaf aufsuche. Ständig vergesse ich, die verschwitzte Bettwäsche zu wechseln. Wenn ich dann das Fenster öffne, versammeln sich die Mücken verschwörerisch an meinem Bett. Dann stechen sie mich. Mein Körper ist übersät von den Zeugnissen ihrer Geheimversammlungen. Am Teich wird das Quaken lauter. Die Kaulquappen, die überleben konnten, sind erwachsen geworden und suchen nach Geschlechtspartnern. Der Zyklus ihres Lebens ist festgelegt, sie wissen immer, was zu tun ist.

Offensichtlich vergeht also Zeit. Diese angeblich vergehende Zeit spüre ich aber nicht. Ich weiß nie genau, was ich die Woche zuvor gemacht habe. Irgendwann werden Monate und Jahre vergangen sein.

Vor Kurzem ist in der Klinik eine Grillfeier angekündigt worden. Es wird alkoholfreie Bowle geben, und für das Essen muss jeder seinen Teil beisteuern, darum geht es schließlich, um Stressbewältigung im Alltag. In meiner Therapiegruppe hängt eine Liste aus, in die man eintragen soll, was man zur Grillfeier mitbringen will. Ich werde einfach eine Riesenportion Salat vom Türken holen. Einigen anderen Patienten bereitet das Grillfest mehr Sorgen als mir: Was soll ich für das Essen beisteuern? Wie soll ich es schaffen, das ausgewählte Gericht zuzubereiten? Woher soll ich die Kraft nehmen, diesem Druck standzuhalten? Ich dagegen lege mich schlafen – die Mücken kreisen um mein Bett, und ich weiß, dass es morgen so weit ist –, denke aber an nichts.

Zum Sonnenaufgang erwache ich von dem Geräusch des aufziehbaren Spielzeuggebisses, das ich so oft den Kindern in meiner Praxis vorgeführt habe. Es befindet sich schon lange nicht mehr in meiner Wohnung, was bedeutet, dass ich es mit einem Phantomgeräusch zu tun habe. Der Tag der Grillfeier, ein Freitag, verläuft wie jeder Freitag in der Klinik. Erst nach dem Mittagessen merkt man, dass etwas anders ist. Patienten sind in Gruppen über das Klinikgelände verstreut. Am Teich stehen zwei Männer, die sich in der Bewegungstherapie angefreundet haben, zu der ich auch gehe. Für das Grillfest haben sie sich etwas feiner angezogen. Ich trage mein gelbes Polohemd, das ich auch zur Arbeit oft anhatte. Die zwei Männer haben ihre Blicke auf den Teich geheftet und besprechen etwas miteinander. Ich kann mir sehr gut vorstellen, dass es um die Frösche geht. Um wie viel einfacher alles wäre, wenn man als einer von ihnen geboren worden wäre. Da gibt es zum Beispiel eine Froschart, den nordamerikanischen Waldfrosch, der eine unvorstellbare Fähigkeit besitzt: Im Winter gefrieren diese Tiere. Alle Vitalfunktionen werden eingestellt, und ein körpereigenes Frostschutzmittel wird gebildet, das die inneren Organe schützt. Im Frühling tauen sie dann von innen nach außen auf, und ihre Herzen beginnen langsam wieder zu schlagen. Sie haben das Glück, den harten Winter überleben zu können, ohne ihn erleben zu müssen. Die zwei Männer lachen, und ich drehe mich um und schlendere weiter.

Am Klinikgebäude herrscht Trubel. Tische werden aufgestellt und mit den mitgebrachten Gerichten gedeckt, unter anderem auch mit meinem Salat vom Türken. Viele Patienten haben sich verkleidet und sehen nun wie glückliche Partygäste aus. In der von den Betreuern versprochenen alkoholfreien Bowle, die in einer Glasschale mit zwei Glaskellen serviert wird, schwimmen durchweichte Früchte. Ich erkenne Weintrauben, Schattenmorellen, Ananas, alles aus der Dose, und jedes Mal, wenn man eine der Kellen zum Einschenken in die Schalte tunkt, werden die Früchte darin aufgewirbelt.

Während ich mir etwas von der Bowle eingieße, versuche ich angestrengt, keinen Tropfen danebengehen zu lassen. Vorsichtig trinke ich einen Schluck nach dem anderen. Im Gegensatz zu den Männern am Froschteich habe ich mich hier mit niemandem angefreundet. Die meiste Zeit bemerke ich die anderen kaum. Sie sind lediglich Konturen im Nebel. Während meines Gangs durchs Foyer und über die Terrasse begrüße ich trotzdem einige von ihnen, wir besuchen dieselben Sitzungen, oder sie spielen Tischtennis, während ich zusehe.

Schon bald wird durch das ernste, zügige Auflegen des Grillguts signalisiert, dass das Buffet eröffnet ist. Ich habe keinen Appetit, esse aber, um beschäftigt zu sein. Da kommt ein Junge auf mich zu. Er ist etwa fünfzehn und trägt ein schwarzes T-Shirt mit einem weißen Dreieck darauf.

»Sind Sie nicht der Zahnarzt?«

»Ich bin erst zweiundvierzig Jahre alt.«

»Und?«

»Das heißt, du musst mich nicht siezen.«

»Bist du richtiger Zahnarzt?«

»Ich habe elf Semester Zahnheilkunde studiert. Danach habe ich dreizehn Jahre lang praktiziert. Reicht das?«

»Ich habe da ein Problem.«

»Wieso gehst du damit nicht zu deinem Hauszahnarzt?«

Als wäre das schon eine Antwort, zieht mich der Junge beiseite und macht seinen Mund auf. Oben rechts am Elfer ist ein längliches, gar nicht mal so kleines Stück weggebrochen.

»Wie ist das denn passiert?«

»Ausgehen. Tanzen. Ich feiere eben hart.«

Der Junge streicht immer wieder mit seiner Zunge über die gezackte Stelle und fragt lispelnd, ob man das wieder richten könne. Als ich wissen will, warum man das richten lassen sollte, sagt er, weil es hässlich aussehe und weil er nicht mehr an diesen beschädigten Zahn erinnert werden wolle. Knapp erkläre ich die in seinem Fall möglichen Vorgehensweisen: Erstens, man poliert den Rand der Abbruchstelle glatt und versiegelt sie. Zweitens, man setzt eine Art Teilkrone über den schadhaften Zahn, was aufwendiger ist als die erste Methode. Es ist zwar unwahrscheinlich, aber

45

ich frage den Jungen trotzdem, ob er das abgebrochene Stück Zahn aufgehoben hat. Der Junge verneint, daraufhin habe ich auch nichts zu erwidern. Wir sehen uns etwas verlegen um. Kurz bevor ich erwarte, dass der Junge wieder geht, reicht er mir seine Hand und nennt seinen Namen, Kristan. Ich sage meinen Namen, Jost Uhlich.

Danach bleiben wir beieinander stehen. In unseren Händen halten wir die zierlichen Bowlegläser, als wären sie etwas Wertvolles, aber vielleicht kommt uns das nur so vor, weil in der Klinik schöne Dinge selten sind.

»Willst du was Richtiges zum Trinken?«, fragt Kristan.

»Das geht doch nicht mit den Antidepressiva.«

»Aber willst du?«

Nachdem ich bejaht habe, geht alles recht schnell. Kristan versetzt unsere Bowle mit billigem Wodka aus einer kleinen Flasche, die er zwischen seinen blauweiß karierten Boxershorts und seiner Hose gelagert hatte. Ich nehme den ersten Schluck und schmelze.

»Gott, vermisse ich das.«

Kristan lächelt, er hält mich sicherlich für zu alt zum Trinken, zum Feiern, und er hat recht.

»Vor der ganzen Sache habe ich Cocktails gemixt. Und war sogar ziemlich gut darin.«

»War das dein Hobby?«

»Ja. Hobby.«

Wir sehen uns um. Ununterbrochen wird gegrillt, jemand bedient die Musikanlage, aus der seit Stunden Jazzvariationen dringen, und die Leute schlingen ihr Essen runter. Ob jemand ahnt, was wir trinken? Ob jemand schon längst auf dieselbe Idee gekommen ist?

»Meine damalige Freundin hat mir ein Barkeeper-Set zum Geburtstag geschenkt«, sage ich. »Da war alles dabei für den heimischen Barkeeper. Zwei Boston Shaker, Sieb, Zitronenpresse, Eispickel und anderes.«

»Woher kanntest du die Rezepte?«

»Ich hatte mehrere Bücher zu Hause.«

»Was war dein Lieblingscocktail?«

Das hat mich seit meiner Klinikzeit niemand mehr gefragt, nein, es ist sogar noch länger her. Ich betrachte ziemlich lange die künstliche rötliche Bowle in meinem Glas, schmecke ausführlich ihre übertriebene Süße. Dann antworte ich.

»Der Hemingway Daiquiri.«

Kristan nickt anerkennend, während er erneut die Flasche herausholt.

»Ich mag seine Einstellung«, sagt er.

»Und ich seinen Cocktail. Weißer Rum, Limettensaft, Grapefruitsaft, beide frisch gepresst, und Maraschinolikör. Alle Zutaten sind für sich genommen schon gut, aber zusammen ergeben sie etwas noch viel Besseres.«

Kristan nickt unaufhörlich und gießt mir nach. »Hast du dir das oft gemixt?«

»Immer mal wieder, nach langen, nach harten Tagen.«

»Zuerst in den Zähnen von Leuten bohren und dann Cocktails mixen.«

»Was hast du gemacht?«

Kristan trinkt hastig mehrere Schlucke.

»Im Gymnasium war ich in allen Fächern mittelmäßig, beim Fußball aber war ich einer der Besten.«

»Mit Fußball konnte ich nie was anfangen.«

»Na ja, du schwitzt dich nass. Du läufst bis zum Umfallen einem, in der normalen Welt, unwichtigen Ding hinterher. Es geht um Leben und Tod. Sozusagen.«

»Und wann wirst du wieder spielen?«

»Das letzte Mal hab ich mich ziemlich verletzt.«

Kristan macht eine Pause, um sein Glas zu leeren. »Und es war nicht die Schuld der anderen.«

Während er spricht, passiert etwas: Ich habe eine Idee. Und ich merke, dass ich schon gar nicht mehr gewusst habe, wie es sich anfühlt, eine Idee zu haben.

Kurze Zeit später schleichen wir uns aus dem Foyer und laufen die Hintertreppe hinauf in den ersten Stock. Wir wollen zu dem Abstellraum, in dem die Werke aus der Kunsttherapie aufbewahrt werden. Kristan fragt, ob ich mir sicher bin, dass hier mein Bild lagert, und ich bin mir sicher, denn die Möglichkeit, es mit nach Hause zu nehmen, habe ich abgelehnt. Und so bleibt es hier, bei der Kunst der anderen Melancholiker.

Nachdem wir mehrere Minuten umsonst an der Türklinke gerüttelt haben, wird uns klar, dass wir einen weiteren Einfall benötigen, um reinzukommen. Kristan holt aufgeregt seine Bankkarte hervor.

»Wetten, ich schaffe das?«

Senkrecht schiebt er die Karte zwischen Tür und Rahmen, direkt über das Schloss. Ich stehe daneben und sehe ihm zu.

»Je weniger es dich kümmert, ob die Karte dabei kaputtgeht, desto eher kriegst du die Tür auf.«

Diese Behauptung illustriert Kristan mit dem starken Biegen der Karte nach links zur Klinke hin. Als die Tür kurz danach aufgeht, blicken wir in den schmalen Raum.

Die Wände sind gesäumt von Aluminiumregalen, und auf jedem Regalboden stehen Kartons, die mit einem Datum beschriftet sind. Darin lagern auf Pappe geklebte Leinwände und Zeichenblockseiten. Schnell finde ich mein Bild. Ich hole es heraus und zeige es Kristan.

»Das ist es?«

»Ich sagte doch, ich weiß nicht, wieso ich ständig darüber reden muss.«

»Was soll das für ein Tier sein? Ein Dinosaurier?«

»Nein, ein Pferd natürlich.«

»Du meinst ein Pferd, das sich als Dinosaurier verkleidet hat?«

Ich muss lachen, Kristan auch, wir lachen viel zu laut. Unser Aufenthalt in der Klinik, das Grillen, die Bilder der Kranken, unsere scheußlich schmeckende Bowle, dass wir kein Leben mehr haben, das alles ist lustig.

Endlich spüre ich den Alkohol. Ich kann gerade noch den schwankenden Kristan erkennen, der mein Bild betrachtet und sagt: »Morgen wird es uns übel gehen. Der Kater ist schlimmer mit den Tabletten.«

»Wie viel muss man von beidem nehmen, um nicht mehr aufzuwachen?«

»Weiß ich nicht, das musst du selber rausfinden.«

Wir sehen uns mein Bild genauer an, und Kristan legt seine Hand auf meine Schulter.

»Wie ein Pferd sieht das wirklich nicht aus.«

Es fällt mir schwer, die einzelnen Wörter zu einem Satz zusammenzufügen, aber schließlich gelingt es.

»Kann sein, aber die Blumenwiese ist gut geworden. Und nur darum ging es mir.«

Neunzehnhundertachtundsechzig

Im Frühjahr 1968 begann ich zu Gott zu beten, er möge mir endlich einen Busen wachsen lassen. Ich hatte noch überhaupt keinen und meine Tischnachbarin Antonia den größten in der Klasse. Er war so riesig, dass sie ihn vor sich auf den Tisch legen konnte. Heimlich nannte ich Antonia »das trojanische Pferd«, nicht nur, weil sie so groß und schwer war und ihre Beine aussahen wie Säulen, sondern weil ich nie das Gefühl loswurde, dass sie etwas vor mir verbarg. Ich erzählte ihr immer alles und sie mir fast nichts. Um ein Haar hätte ich ihr sogar anvertraut, dass ich jeden Abend Gott um einen großen, dicken, schönen Busen wie den ihren anflehte.

Aber es war nicht nur ihr Busen, den ich an ihr bewunderte, sondern die Unverfrorenheit, mit der sie ihren ganzen Körper zur Schau stellte. Trotz ihrer dicken Beine trug sie den kürzesten Minirock der ganzen Schule. Wenn sie sich bückte, sah man ihre Unterhose. Das war ihr anscheinend egal. Sie tat überhaupt so, als sei ihr ziemlich alles egal. Ich wusste, dass das nicht stimmte. Sie war eitel, gab es aber nicht zu. Zum Beispiel schminkte sie sich jeden Tag, gab es aber nie zu, und nur wenn man ganz scharf hinsah, konnte man feine braune Striche über ihren Augen entdecken. Es sah wirklich ganz natürlich aus, man musste Antonia schon so penibel studieren wie ich, um sicher zu sein, dass es Schminke war. Sie hatte dicke, halblange schwarze Haare, die sie wie einen Vorhang nach vorne warf und hinter dem sie sich versteckte, wenn sie verärgert war, einen kleinen Schmollmund und grüne Katzenaugen in einem großen, flächigen, sehr weißen Gesicht. Insgesamt war sie irgendwie beunruhigend; ein seltsames Flackern ging von ihr aus. Erst sehr viel später wusste ich, wie man das nannte: Sie war sexy. Und darum beneidete ich sie am meisten, weil ich wusste, dass ich das niemals sein würde, auch mit Busen nicht.

Nur ein einziges Mal sah ich vorm Sportunterricht im Umkleideraum Antonias Brüste nackt. Sie behielt sonst immer ihren BH an, aber dieses eine Mal zog sie ihn aus unerfindlichen Gründen aus und drehte sich gleich darauf zur Wand. Aber da hatte ich sie schon erblickt. Sie waren schneeweiß und sahen bedrohlich prall aus, wie zwei Luftballons kurz vorm Platzen. Ich erschrak vor ihnen und war mir plötzlich nicht mehr ganz so sicher, ob ich auch welche haben wollte. Zumindest nicht so große. Antonia trug als Einzige in der Klasse die BH-Größe 80 C, betonte aber immer wieder, dass sie aus politischen Gründen am liebsten gar keinen Büstenhalter tragen würde, wenn nur ihr Busen kleiner wäre. Das war natürlich die reine Angabe, denn sie zwängte ihn in enge Rippenpullover und streckte ihn, wenn sie sich in der Klasse meldete, so weit heraus, dass er von der Seite ein richtiges Dreieck bildete. Jeden Tag sah ich dieses straff gespannte Dreieck neben mir und hasste meinen dürren Körper, der so platt war wie ein Bügelbrett.

Weil ich jedoch ein schlechtes Gewissen hatte, Gott jeden Abend um einen Busen zu bitten, wo doch Kinder in Biafra verhungerten und es Krieg gab in Vietnam, wollte ich es damit wiedergutmachen, dass ich sieben Aschenbecher für einen Schulbazar für Biafra töpferte und mit Antonia zu einer Vietnamdemonstration ging. Antonia ließ mich in der Menschenmenge sofort im Stich und boxte sich vor in die erste Reihe, um sich dort bei einem Spartakisten mit langen blonden Haaren und Pickeln einzuhaken, den sie schrecklich süß fand. Wie man jemals einen Menschen mit Pickeln süß finden konnte, war mir unbegreiflich, denn ich litt unter meinen Pickeln fast noch mehr als unter meinem nicht vorhandenen Busen, hasste sie mit aller Inbrunst. Mehr noch als meine kleine Schwester Charlotte.

Der schlimmste von allen wuchs immer an derselben Stelle, auf meiner Nase, wie der Höcker eines Dromedars. Und wenn er endlich verschwunden war und ich selig aufatmete, kündigte er sich ein paar Tage später mit einem leisen, kaum spürbaren Kribbeln von Neuem an, und ich begann ihn zu fürchten wie ein lebendiges Wesen. Ich fühlte ihn beim Sprechen, beim Lachen, er war immer gegenwärtig. Ich konnte mit keinem Jungen auch nur ein einziges Wort reden, wenn ich dabei fühlte, wie der Pickel wie eine rote Glühbirne leuchtete, mein ganzes Gesicht verunstaltete, prickelte und pochte und wuchs, sodass ich nur noch darauf wartete, dass man mit dem Finger auf mich zeigte und rief: »Guck mal, die da! Die mit dem Pickel!« Antonia hatte nie Pickel. Ihre Haut war so weiß und glatt wie ein Teller. Aber dafür hatte sie einen ziemlich auffälligen Schnurrbart. Warum sie dagegen nichts unternahm, verstand ich nicht. Aber vielleicht wusste sie gar nicht, dass sie einen hatte. Als ihre Freundin fühlte ich mich eigentlich verpflichtet, sie auf diesen Schönheitsmakel hinzuweisen, aber ich war mir nicht sicher, ob wir wirklich Freundinnen waren. Mit ihrem großen Busen und ihrer ganzen Art schien sie schon zu der Welt der Erwachsenen zu gehören, und ich fühlte mich oft wie ein kleiner dummer Hund, der mit heraushängender Zunge hinter ihr herlief und sie nie würde einholen können.

Ich war daher geschmeichelt, als sie zu mir kam, um mich zu einer Party bei der dicken Inge abzuholen, einer reinen Mädchenparty, zu der man sich, wie ich dachte, nicht großartig aufbrezeln musste. Als ich jedoch Antonia öffnete, verschlug es mir den Atem. Sie trug einen giftgrünen Minirock, goldene Pumps und einen knallengen rosa Rippenpulli über ihrem großen Busen. Sie sah aus wie ein aufgeblasenes Gummitier. Entsetzlich und aufregend zugleich. Ich verstand nicht, warum sie überhaupt keine Komplexe hatte. Vielleicht grübelte ich einfach zu viel über die Dinge. Sie ließ sich auf mein Bett fallen.

»Ich werde jetzt Mitglied bei den Trotzkisten«, sagte sie großspurig, »man wird vier Wochen lang getestet, und wenn das politische Bewusstsein stimmt, wird man aufgenommen.« Ich wusste, warum sie zu den Trotzkisten wollte, aber ich hütete mich, sie darauf anzusprechen. Seit ein paar Wochen stand jeden Tag ein großer dunkelhaariger Typ vor unserer Schule und verteilte trotzkistische Flugblätter.

»Und? Stimmt dein politisches Bewusstsein?«, fragte ich Antonia.

»Ich weiß nicht so genau«, antwortete sie, »ich glaube, ich sollte nicht erwähnen, dass wir zwei Autos haben.« Sie starrte nachdenklich an die Decke, dann richtete sie sich auf und sah mich an.

»Übrigens, Fanny, du kriegst einen Pickel auf der Nase.«

»Das ist kein Pickel«, sagte ich, »ich habe mich an der Tür gestoßen.« Ich hasste Antonia.

Aber dann nahm sie meine Hand, als wir die Straße entlangliefen, um die Straßenbahn noch zu erwischen, sie hielt sie ganz fest und ließ sie nicht mehr los, auch als wir uns auf die letzten zwei Plätze fallen ließen und eine alte Frau, die nach uns einstieg, uns böse anfunkelte und wollte, dass wir ihr einen Platz frei machten.

»Wir sind schwanger«, sagte Antonia zu ihr und drückte meine Hand. Die alte Frau und die Leute um sie herum glotzten uns an wie die Karpfen, und ich liebte und bewunderte Antonia mehr als jeden anderen Menschen. Inge wohnte ein ganzes Stück hinter der Endstation; nach und nach stiegen alle Leute aus, und schließlich waren wir ganz allein, als Antonia ihre Handtasche aufklappte und ein altes, abgewetztes Brillenetui herausholte. Sie sah mich bedeutungsvoll an, bevor sie es öffnete. Auf blauem Samt lag darin ein seltsames, weißes Plastikhäutchen. Sie holte es heraus und ließ es zwischen Daumen- und Zeigefinger hin- und herbaumeln. Ich wusste sofort, was das war, obwohl ich nie zuvor eins gesehen hatte.

»Wo hast du das her?«, flüsterte ich, obwohl uns keiner hören konnte. »Gefunden«, flüsterte sie zurück. Wo gefunden?, wollte ich sie fragen, aber dann bekam ich Angst, dass sie vielleicht viel mehr darüber wusste als ich, und dass sie mir dadurch so sehr überlegen wäre, dass unsere Freundschaft daran zerbrechen könnte. Ich tippte es vorsichtig mit dem Finger an, es fühlte sich kalt und unangenehm an, und ich zuckte zurück, als hätte ich eine Schlange berührt.

»Es ist zum Angstkriegen«, sagte ich.

»Ja«, sagte Antonia ernst und packte es wieder in das Brillenetui. Wir schwiegen, bis wir bei Inge angekommen waren.

Acht Mädchen aus unserer Klasse standen in rotes Licht getaucht im Partykeller von Inges Eltern herum, die extra ins Kino gegangen waren, damit wir allein sein konnten. Wir setzten uns auf die Sofas und warteten auf irgendetwas, von dem keiner wusste, was es denn sein sollte. Wir tauschten Klatsch aus, redeten über die Hausaufgaben, die Lehrer. Dazu tranken wir Limonade und aßen Krapfen, bis uns schlecht war, und hörten Musik. Es war langweilig und gemütlich.

Eine Flasche Eierlikör und eine Flasche Kräuterschnaps machten die Runde. Davon wurde uns noch schlechter, und unser Lachen wurde lauter. Wir fingen an zu tanzen. Erst schnell, bis wir aus der Puste waren, dann legte Inge langsame Platten auf. Etwas unentschlossen standen wir herum, dann suchte sich jeder einen Partner, und wir tanzten Blues. Ich tanzte mit Antonia. Sie stieß mir ihren großen Busen vor die Brust, sodass ich kaum meine Arme um ihren Hals legen konnte. Ich stellte mir vor, ich tanzte mit dem »blauen Mantel«. Das war der einzige Name, den ich für ihn hatte. Keiner kannte ihn, keiner wusste, wie er hieß. Er kam jeden

Morgen auf meinem Schulweg auf einem Mofa an mir vorbei. Ich nannte ihn den »blauen Mantel«, weil er immer einen dunkelblauen alten Armeemantel mit Schulterstücken trug. Einmal hatte er vor mir angehalten, um mich über den Zebrastreifen zu lassen, und ich hatte sein Gesicht gesehen. Seitdem versuchte ich jeden Morgen, ihn so abzupassen, dass er wieder vor mir bremsen musste, um mich über die Straße gehen zu lassen, aber es war mir bisher nie wieder gelungen. Entweder war ich zu früh am Zebrastreifen oder zu spät. Ich sah ihn immer vorbeifahren, ohne dass er mich auch nur im Geringsten bemerkte, und mein Herz tobte in meiner Brust. Ich hatte Antonia von ihm erzählt, ich erzählte ihr ja immer alles, und sie begrüßte mich jeden Tag mit der Frage: »He, Fanny, was macht der ›blaue Mantel‹?« Ich behauptete, er habe mich schon angelächelt, drehe im Fahren den Kopf nach mir, manchmal winke er mir zu.

Jeden Abend, nach meinem Gebet um einen Busen stellte ich mir vor, wie er mich von der Schule abholen und ich auf sein Mofa steigen würde. Ich sah uns beide von hinten, wie wir zusammen davonfuhren, und das Letzte, was ich von uns erblickte, bevor wir um eine Ecke bogen und verschwanden, war, wie ich meine Arme um seinen Bauch schlang.

Ich drückte mich ein bisschen enger an Antonia, und sie legte ihren Kopf auf meine Schulter. Sie dachte an ihren Trotzkisten, da hätte ich wetten können.

Wir tranken noch ein bisschen Eierlikör, und dann kam Inge die Kellertreppe hinunter, die Arme voller Unterwäsche. Rote und schwarze BHS, Korsagen, Strapse, Negligés, Spitzenjäckchen und jede Menge winziger Schlüpfer. Das hätte ich Inges Mutter, einer grauen und strengen Frau, niemals zugetraut. Ich wusste, was meine Mutter dazu sagen würde. Nuttig würde sie all das finden, so wie Hosen mit Stöckelschuhen, grellroten Lippenstift, die Farben Lila, Rosa und Hellgrün. Aufgeregt befühlten wir die Wäsche und hielten sie uns kichernd vor. Ich glaube, es war Antonia, die die Idee hatte, dass Biggi, Gabriele, Anita und ich die Männer spielen und sie selbst, Inge, Claudia und Trixie die Unterwäsche anziehen sollten. Das ergab Sinn: die vier, die sie anziehen durften, hatten alle einen Busen, die anderen hatten keinen. Neidisch hockten wir Busenlosen auf der Couch und warteten, während die anderen sich im Badezimmer umzogen. Wir sprachen kein einziges Wort miteinander. Ich fragte mich, ob sie auch jeden Abend beteten.

Als die anderen in der Unterwäsche wiederkamen, waren sie völlig verwandelt. Sie sahen plötzlich sehr erwachsen aus in den schwarzen Büstenhaltern und roten Strapsen, in den engen Korsagen und durchbrochenen Bodystockings, sie bewegten sich anders, sie lächelten wissend, und sie taten so, als kennten sie uns nicht mehr. In dem roten Licht schimmerte ihre Haut geheimnisvoll, wir alle hielten den Atem an. Schüchtern standen wir, die wir die Männer spielen sollten, herum, bis Antonia in Straps und Spitzenbüstenhalter sich Biggi griff und sich an sie schmiegte, als seien sie ein Paar. Sie lachte uns aufmunternd zu. Zögernd machten wir es ihr nach. Die dicke Inge kam in roter Spitzenunterwäsche auf mich zu und warf sich an mich. Ich erschrak vor ihrem weichen Fleisch.

»Na, du Süßer«, sagte sie zu mir und kicherte. Sie wedelte mit ihrem Cape aus roter Spitze und entblößte ihren Busen, der in einem seltsamen BH, vorne offen, lag. Ich hatte keine Ahnung, wozu das gut sein sollte.

»Wie findest du das?«, fragte mich Inge mit rauchiger Stimme.

»Was soll das sein?«, fragte ich zurück.

»Mensch, Fanny«, sagte Inge ungeduldig, »du bist jetzt ein Mann und findest das toll, kapiert?« Sie nahm meine Hand und legte sie sich auf den Busen. Ich war erstaunt, wie weich und wabbelig er war. Ich hatte ihn mir viel härter vorgestellt, so wie eine Melone, oder einen Ball. Zögernd tastete ich auf ihm herum und kam mir ein bisschen albern vor. Ich beobachtete, wie es die anderen machten, ich sah, wie Gabriele mit Trixie, die eine schwarze Lackleder-korsage trug, wild knutschte, Anita Claudia im hautengen Bodystocking mitten auf den Mund küsste und Biggi und Antonia aneinanderklebten wie zwei Briefmarken. Dazu lief der Song »Je t'aime, moi non plus«, der im Radio ver-boten war. Jane Birkin und Serge Gainsbourg stöhnten, dass es einem ganz komisch den Rücken runterlief, und irgendwann begriff auch ich, dass man anscheinend man selbst und gleichzeitig jemand anders sein konnte. Man brauchte nur die Augen zu schließen und auf die Musik zu hören, und während ich Inges Busen knetete, wie sie mir befohlen hatte, träumte ich davon, selbst von dem »blauen Mantel« gestreichelt zu werden, es war mein Busen, den ich berührte, und nicht Inges. Er küsste mich und nicht ich Inge. Inge war nicht mehr Inge, sondern nur noch Haut und Busen und Fleisch. Mir wurde ganz warm und schwindlig. Ich vergaß alles um mich herum, selbst meinen Pickel, und ich sehnte mich ganz schrecklich nach etwas, wovon ich nicht wusste, was es genau war. Immer wieder spielten wir »Je t'aime, moi non plus«. »Entre mes reins«, hauchte Jane Birkin, »maintenant, viens.« »Les reins«, hatten wir alle im Wörterbuch nachgesehen, hieß »die Lenden«. Lenden, wie Lendensteak? Es ergab nicht viel Sinn. Wir wechselten die Partner, ich tanzte mit Antonia. Ihr Busen fühlte sich besser an als Inges, er war fester, nicht so wabbelig, aber trotzdem noch erstaunlich weich. So einen, genau so einen möchte ich auch, dachte ich. Wir küssten uns, richtige Zungenküsse probierten wir aneinander aus und wussten dabei, dass sie in Wirklichkeit dem Trotzkisten galten und dem »blauen Mantel«. Einmal machte ich probehalber beim Küssen die Augen auf, aber da wurde es mir gleich schrecklich peinlich. Ich konnte auch nicht in Worten an das denken, was ich tat, ohne rot zu werden: Fanny küsst Antonia und streichelt ihren Busen.

Aber wenn ich die Worte vergaß, mich auf die Musik und den »blauen Mantel« konzentrierte, war es das Schönste, was ich je erlebt hatte, und ich wünschte, es würde nie enden. Später, als wir alle erschöpft auf den Sofas lagen und wieder die wurden, die wir wirklich waren, war mir plötzlich zum Heulen zumute. Ich fühlte den Pickel auf meiner Nase jucken. Wir tranken noch den Rest Eierlikör aus, dann schaltete Inge das weiße Deckenlicht ein. In dem hellen Licht sahen die Mädchen in der Unterwäsche plötzlich verkleidet und hässlich aus. Stumm standen wir herum und fühlten uns unwohl. Inge sammelte die Wäsche wieder ein und trug sie zurück ins Schlafzimmer ihrer Mutter. Wir gingen schweigend auseinander.

Claudia fuhr mit Antonia und mir in der Straßenbahn zurück. Wir sahen uns nicht an, und sie stieg an ihrer Station aus, ohne sich noch einmal nach uns umzudrehen. Ich sah durchs Fenster, wie sie im blauen Straßenlicht nach Hause lief, und ich konnte sie mir nicht mehr in schwarzer Unterwäsche vorstellen. Niemals. Antonia übernachtete bei mir, weil ihr Nachhauseweg durch die Parkanlagen nachts zu gefährlich war und ihre Eltern mit ihren zwei Autos sie niemals irgendwo abholten. Meine Mutter legte für Antonia eine Matratze neben mein Bett.

»War's schön auf eurer Party?«, fragte sie. Wir nickten nur stumm. Ich hatte Angst, sie könnte uns etwas anmerken. Am liebsten hätte ich mich in ihre Arme geworfen wie ein kleines Kind. Ich wollte wieder zu Hause sein wie früher, allein mit meiner Mutter. Ich fürchtete mich plötzlich vor Antonia. Meine Mutter strich die Laken glatt und ging aus dem Zimmer, ohne mich in den Arm zu nehmen und zu küssen wie sonst, was ich eigentlich nicht besonders mochte, aber heute Abend vermisste ich es. Sie wünschte uns eine gute Nacht und schloss die Tür.

Antonia und ich standen steif im Zimmer herum, und ich spürte, wie die Luft zwischen uns vibrierte. Es war ein unangenehmes Gefühl, so ähnlich, wie wenn man versehentlich an einen elektrischen Weidezaun gerät. Ich löschte das Licht, und wir zogen uns im Dunkeln aus. Ich war verwirrt und hätte gern mit ihr über die Party geredet, aber ich wusste nicht, wie ich es anstellen sollte. Ich hörte sie atmen. Vielleicht schlief sie schon. Vielleicht lauschte sie aber auch auf meinen Atem wie ich auf den ihren.

»Dass Inges Mutter so was anzieht …«, sagte sie plötzlich. Wir prusteten beide los, als hätten wir unter Wasser zu lange die Luft angehalten und würden jetzt erst wieder an die Oberfläche tauchen. Wir kreischten vor Lachen. Später holte ich eine Kerze aus dem Schrank und zündete sie an. Wir krochen zusammen unter eine Decke, und alles war wieder friedlich und gemütlich wie früher. Nie mehr wollte ich an die Party denken, nie mehr.

»Willst du es noch mal sehen?«, fragte Antonia plötzlich. Nein, ich wollte es nie, nie wieder sehen. Ich wollte auch nie wieder darüber reden, weil die Verwirrung, die all das in mir anrichtete, so unangenehm war wie ein Splitter in der Haut. Ich wollte, dass alles so blieb, wie es war. Aber Antonia holte, ohne meine Antwort abzuwarten, das Brillenetui aus ihrer Tasche, öffnete es und hielt mir das Plastikhäutchen im Kerzenschein unter die Nase. Dann ließ sie es über meinen Arm gleiten.

»Iiiiii!«, schrie sie lachend und quiekte wie ein Ferkel, »stell dir mal vor, das fühlt sich dann so an, wenn man es macht!«

»Meinst du wirklich?«, fragte ich.

Sie zuckte die Achseln. »Ich fürchte mich ein bisschen davor, du nicht?«, sagte sie leise. Sie wusste wohl doch nicht mehr darüber als ich. Mein Herz machte einen kleinen Freudensprung. Wir rutschten enger aneinander.

»Ich bin schrecklich unglücklich, dass ich so platt bin wie eine Flunder. Ich wünschte, ich hätte einen Busen wie du«, gestand ich ihr.

»Ach«, sagte sie, »so toll ist das auch nicht. Dauernd ist er einem im Weg. Und die Jungen glotzen mich immer so blöde an.« Meine beste Freundin, dachte ich, meine allerbeste Freundin, dachte ich glücklich.

»Zu Hause nennen sie mich Tönnchen«, erzählte Antonia zögernd weiter, »du musst schwören, dass du es keinem Menschen verrätst.« Ich nickte, aber so sehr ich mir auch auf die Lippen biss, ich konnte nicht verhindern, dass ich anfing zu grinsen. Sie nannten sie Tönnchen! In den Augen ihrer Familie war Antonia also nicht großbusig und sexy, sondern einfach nur eine dicke, fette Tonne! Durch meine flache Brust wehte plötzlich ein frischer Wind, und ich spürte, wie ich ganz tief durchatmete. Sie nennen sie Tönnchen!, jubilierte ich stumm.

»Mein Vater kneift mich in die Rippen und sagt Toni, das Tönnchen zu mir«, erzählte Antonia mit zitternder Stimme, »mein Bruder singt es von morgens bis abends, Antonia, das Tönnchen, Antonia, das Tönnchen. Wenn meine Mutter es ihm verbietet, zeigt er auf jede Mülltonne, und dann weiß ich, jetzt denkt er es wieder: Tönnchen.« Ich konnte es nicht lassen.

»Tönnchen«, wiederholte ich und tat so, als sei ich empört. Sie heulte auf wie ein Hund, dem man auf die Pfoten getreten hat. »Hör auf«, sagte sie, und es klang wirklich gequält. Es war ein wunderbares Gefühl zu wissen, wie ich Antonia verletzen konnte. Es machte mich ganz leicht und fröhlich. Ich konnte nichts dafür, es rutschte mir einfach heraus.

»Tönnchen«, sagte ich leise.

»Fanny! Hör sofort auf!«, sagte sie scharf und packte mich am Arm.

»Ja, ja, ich hab's ja begriffen, ich soll nicht mehr Tönnchen zu dir sagen.«

»Das machst du jetzt mit Absicht«, sagte sie.

»Was?«, fragte ich unschuldig.

»Dass du es einfach wiederholst.«

»Ich habe doch nur gesagt, dass ich begriffen habe, dass ich nicht mehr Tönnchen …«

»Hör sofort damit auf!«, schrie sie. »Wenn du es noch ein einziges Mal sagst, steh ich auf und gehe nach Hause.« Ich glaubte ihr kein Wort, aber ich war still. Sie blies die Kerze aus und drehte sich um.

»Gute Nacht«, sagte sie beleidigt.

»Gute Nacht«, sagte ich und formte tonlos das Wort »Tönnchen« mit den Lippen. Wieder und wieder. Und irgendwann kam es aus meinem Mund und segelte quer durch den Raum. Ich konnte wirklich nichts dafür, es hatte sich selbstständig gemacht. Einige Sekunden lang geschah überhaupt nichts. Dann hörte ich, wie Antonia sich aufrichtete und die Bettdecke zurückschlug. Sie stand auf, stapfte zum Lichtschalter, und während ich noch die Hände vors Gesicht hielt, weil die Lampe mich blendete, zog sie sich bereits an. Ich kicherte fassungslos. »Hör auf mit dem Quatsch!«, sagte ich. Sie sah mich nicht an, sprach kein einziges Wort. Entschlossen zog sie sich ihren rosa Rippenpulli über, schlüpfte in ihren Minirock und ihre Pumps. Ich glaubte immer noch nicht daran. Sie griff nach ihrer Handtasche und stolzierte auf die Tür zu. Ich wühlte mich aus den Laken und versuchte sie festzuhalten, aber sie schüttelte mich ab und tastete sich den dunklen Flur entlang zur Treppe. Ich sah Licht unter der Schlafzimmertür meiner Eltern. Ich wünschte fast, meine Mutter möge herauskommen und uns eine Szene machen. Aber nichts geschah.

»Du kannst doch jetzt nicht durch den Park gehen!«, flüsterte ich.

»Und wie ich das kann«, sagte sie.

»Ich entschuldige mich, okay?« Ich legte ihr meine Hand auf die Schulter. Sie sah mich zweifelnd an. Ihr rosa Pulli leuchtete im Dunkeln. Über dem Busen beulten sich die Strickrippen zu den Seiten aus. Sie sah nicht dick aus, aber so voluminös. Ich wusste, dass ich es wieder sagen würde. Es brannte mir auf der Zunge. »Tönnchen«, dachte ich.

»Ich entschuldige mich«, sagte ich. Sie schwieg.

»Ich entschuldige mich, dass ich zu dir Tönnchen gesagt habe«, sagte ich boshaft. Da machte sie die Haustür auf und lief durch den Garten zur Straße. Ich sah ihr durchs Küchenfenster noch lange nach. Immer, wenn sie unter einer Straßenlaterne hindurchging, leuchtete ihr Pullover rosa auf. Je weiter sie sich entfernte, umso mehr vermisste ich sie. Als ich schließlich den Flur entlang zurückging zu meinem Zimmer, hörte ich meine Eltern im Schlafzimmer leise miteinander reden. Ich hätte so gern die Tür geöffnet und wie früher jammernd gesagt: »Ich kann nicht schlafen.« Mein Vater hätte mir ein Zuckerwasser gemacht und meine Mutter mich wieder zurück ins Bett gebracht und mir mit ihrer kühlen Hand über die Stirn gestrichen. Warum ging das alles jetzt nicht mehr? Ich war der einsamste Mensch auf der Welt. Ich bewunderte Antonia für ihren starken Willen, ihre so erwachsen wirkende Entschlossenheit. Niemals wäre ich wieder aufgestanden und nachts durch den Park nach Hause gegangen, das wusste ich. Dazu war ich zu faul und zu feige. Man konnte mich beleidigen, mich verletzen, mich dazu bringen, einen Jungen zu spielen und mit Mädchen zu knutschen, ich wehrte mich nicht. Plötzlich sah ich mich, wie ich wirklich war. Hässlich und dumm und bedeutungslos. Niemals würde ich einen Busen bekommen, niemals würden die Pickel auf meiner Nase verschwinden. Niemals würde der »blaue Mantel« mir zulächeln. Unglücklich wälzte ich mich im Bett hin und her und stieß dabei an etwas Hartes. Es war Antonias Brillenetui. Ich dachte an seinen Inhalt, und plötzlich musste ich weinen. Niemals, so kam es mir vor, würde ich teilhaben können an der aufregenden, furchterregenden Welt der Männer und Frauen.

Ich behielt das Etui, und Antonia fragte nie mehr danach. Wir sprachen nach dieser Nacht kaum noch miteinander. Antonia verliebte sich in einen Anarchisten und trug von da an einen schwarz gefärbten Parka, unter dem ihr Busen fast völlig verschwand. Ich erfuhr nie, wie der »blaue Mantel« wirklich hieß. Als es Sommer wurde, legte er seinen blauen Mantel ab, und was darunter zum Vorschein kam, fand ich nicht mehr attraktiv.

Vier Jahre später, an einem Sonntagnachmittag im Winter 1972, der besonders langweilig und völlig lautlos war, weil sich wegen des Sonntagfahrverbots infolge der Ölkrise kein einziges Auto auf der Straße befand, räumte ich mein Zimmer auf und fand das Brillenetui wieder. Als ich es öffnete, lag darin nur noch ein zusammengeschnurrter Plastikkrümel. Zu der Zeit hatte ich auch endlich einen Busen. Er war zwar nicht so groß wie Antonias, ich trug nur BH-Größe 75B und nicht 80 C, aber er gefiel mir. Statt um einen Busen betete ich nun um einen Mann, einen richtigen Mann, um ihn damit zu erfreuen.

Die Fremde im Zug

Wie schön, ein Abteil für sich zu haben. Ich saß am Fenster, schaute ins Land und ließ meine Gedanken wandern.

Dann kam eine Frau und fragte, ob Platz sei. Bitte. Die Luft in den Abteilen ist nicht gut. Nicht weiter schlimm, wenn man allein ist. Sind andere Menschen mit im Abteil, meint man, die Ursache plötzlich zu kennen. Man sitzt nicht mehr entspannt, und die Gedanken sind auch nicht mehr so frei.

Ich möchte mich gern ein wenig hinlegen, sagte die Frau, natürlich nur, wenn es Ihnen nichts ausmacht.

Sie war eine unauffällige Frau, sorgsam gekleidet, sprach hochdeutsch, sanfte, angenehme Stimme.

Sagen Sie ruhig, wenn es Sie stört, ich lege mich nur hin, wenn es Ihnen wirklich nichts ausmacht.

Ich sagte, dass es mir nichts ausmachen würde. Sie unternahm aber nichts. Sie saß in der Ecke an der Gangseite und schien mich zu beobachten. Ich überlegte, ob ich ihr anbieten sollte, beim Ausziehen des Sitzes behilflich zu sein.

Ich möchte mir gern die Schuhe ausziehen, es liegt sich dann bequemer, sagte sie, natürlich nur, wenn es Sie nicht stört.

Ich versicherte, dass es mich nicht stören würde.

Sie bedankte sich freundlich. Ich brauche nur ein Wort zu sagen, dann würde sie die Schuhe selbstverständlich wieder anziehen. Ich würde es Ihnen keinen Moment verübeln, sagte sie und begann, den Sitz auseinanderzuziehen. Sie sei auch bereit, sich wieder korrekt hinzusetzen, wenn ich es nur wünsche.

Ich sah aus dem Fenster und hörte, wie sie sich die Schuhe auszog und sich hinlegte. Nach einer Weile wagte ich einen Blick. Sie lag stocksteif da, mit geschlossenen Augen. Durchaus eine hübsche Frau. Schon richtete sie sich wieder auf.

Riechen Sie es auch?

Ich roch nichts.

Fußschweiß, sagte sie, Fußschweißgeruch, ganz eindeutig. Sie drehte den Kopf und schnüffelte nach allen Seiten.

Ihre kleinen Füße steckten in makellosen Seidenstrümpfen, durch die violett die Fußnägel schimmerten.

Nicht, dass Sie meinen, es käme von meinen Füßen, sagte sie.

Natürlich nicht, sagte ich schnell.

Es riecht nur so als ob, sagte sie, es kann nur am Leder liegen. Sie schien ein wenig aufgeregt.

Ich röche absolut nichts, versuchte ich sie zu beruhigen.

Wenn ich es aber doch irgendwann riechen sollte, müsse ich es ihr sofort sagen. Ich versprach es.

Sie legte sich wieder hin und schloss die Augen. Ich konzentrierte mich auf die Wahrnehmungen meiner Nase. Normale Abteilluft.

Unauffällig betrachtete ich sie aus den Augenwinkeln.

Sie war schlank, hatte attraktive Beine, trug ein dezentes Kostüm, eine weiße Bluse, ihr Gesicht war rundlich und faltenlos, dunkle, glatte Haare. Sie seufzte. Ich blickte aus dem Fenster.

Dass Leder so nach Fußschweiß riechen kann, hätten Sie das gedacht?

Ihr schien an meiner Antwort zu liegen. Sie richtete sich auf und sah mich neugierig aus großen, dunklen Augen an.

Nein, niemals, sagte ich.

Dann ziehe ich am besten meine Schuhe wieder an, sagte sie.

Aber, ich bitte Sie, ich rieche doch nichts! Es war mir wichtig, sie zu überzeugen. Ich wollte nichts mehr über Fußschweiß hören, sie sollte sich nur wieder hinlegen und die Augen schließen. Vorher musste ich ihr allerdings versprechen, sie augenblicklich zu verständigen, sobald ich den betreffenden Geruch wahrnehmen würde.

Ich hatte keine Freude mehr am Ausblick, ich rieb meine Nase, ich war nervös geworden. Was war nur mit der Frau?

Jetzt lachte sie. Sie hatte sich wieder aufgerichtet und lachte, wobei sie mit der Hand schamhaft den Mund verdeckte.

Eigentlich ist es ja egal, sagte sie, wenn das Schuhleder nach Fußschweiß riecht, ist es ja egal, ob ich die Schuhe anhabe oder nicht.

Ich versuchte zu lachen.

Dann schlafe ich jetzt weiter, das heißt, wenn Sie nichts dagegen haben?

Nein, sagte ich, wirklich nicht.

Sie legte sich wieder hin. Eine junge Frau, ein wenig

zu gepflegt und elegant für solch ein Abteil, sie gehörte eher in die 1. Klasse. Was hatte sie nur mit dem Geruch? Sie schien nicht weiter verwirrt zu sein. Ich war wie ein Anwalt, der wider besseres Wissen seinen Mandanten verteidigt. Meine Mitreisende war bloß ungewöhnlich höflich und empfindlich, geruchsempfindlich, sie hatte lediglich diesen Fußschweißtick. Ich fand beruhigende Erklärungen für ihr Verhalten, trotzdem wurde mir das Abteil enger, ich begann, auf meine Atemzüge zu achten.

Es ist mir peinlich, dass ich Sie schon wieder störe, sagte sie, ohne sich aufzurichten, aber ich würde mir gern den Rock aufhaken, wenn Sie nichts dagegen haben.

Sie drehte den Kopf in meine Richtung, ein Auge war geschlossen, das andere verdeckte eine dichte Strähne ihrer Haare.

Es liegt sich bequemer, wenn ich den Rock aufmache, sagte sie, natürlich nur, wenn Sie einverstanden sind?

Ich war mir nicht sicher, ob sie mich gehen lassen würde, wenn ich behauptete, gleich aussteigen zu müssen.

Sie haben doch nichts dagegen, fragte sie, gerade als ich die Hand nach meiner Aktentasche ausstreckte. Es kam mir vor, dass sie diesmal lauter gesprochen hatte. Meine Zunge war trocken, ich schluckte, als sei zum Atmen schon zu wenig Luft. Sie würde mir nicht glauben, wenn ich behauptete, aussteigen zu müssen. Ich zog meine Hand von der Tasche zurück, ich war sicher, dass ihr Auge hinter der Haarsträhne geöffnet war und mich beobachtete.

Vielleicht konnte ich meinerseits durch ein ungewöhnliches Ansinnen die Situation entspannen. Ich sagte, bitte, tun Sie sich keinen Zwang an, es ist doch ziemlich heiß hier, auch ich würde mir eigentlich gern den Kragen lockern, natürlich nur, wenn Sie nichts dagegen haben.

Sie antwortete nicht. Ich zog den Knoten meiner Krawatte auseinander und knöpfte den obersten Hemdknopf auf. Sie reagierte nicht. Ich schloss die Augen und tat, als ob ich schliefe. Dann hörte ich, wie sie die beiden Vorhänge zum Gang vorzog.

Ich möchte nicht, dass man uns so sieht, sagte sie.

Ich wagte nicht, zu ihr hinzusehen. Sie würde mich gewiss genau beobachten und jede Regung von mir ausnutzen, um eine neue Ungeheuerlichkeit vorzubringen. Ich nahm mir vor, jede Äußerung oder Handlung von ihr zu ignorieren. Auch als ich das Knistern vom Herunterstreifen ihres Rockes vernahm, hielt ich krampfhaft die Augen geschlossen und versuchte, mich auf das Rattern der Räder unter mir auf den Schienen zu konzentrieren.

Vielleicht durchfuhren wir eine schöne Landschaft, ich konnte es nicht wissen, weil ich die Augen nicht zu öffnen wagte, und wahrscheinlich waren in dieser schönen Landschaft auch Tiere und Menschen, und wahrscheinlich war alles ganz normal.

So fuhren wir dahin.

ROMANA GANZONI
Blue

Während Marlena auf Bali zu sich fand, hatte sie mir, ihrem deprimierten Freund, ab Mai die Wohnung am städtischen Park überlassen, drei Zimmer, sechs Monate, gratis, sie brauchte das Geld nicht, Geld bedeutete ihr nichts, ich war auf diesem Gebiet weniger gelassen, es hatte mich vor Kurzem aus dem Geschichtsstudium geschleudert, wahrscheinlich begriff ich nicht, wie das läuft an der Universität, ein Nachteil war auch, dass ich nicht gerne las, noch nie hatte mich ein Text über die erste Seite hinaus bei Laune gehalten, lesen war in meinen Augen das langweiligste Geschäft auf Erden, ich sagte das laut, obwohl es nicht für mich sprach.

Was ich, bevor ich Blue traf, außerdem alle wissen ließ: Leidenschaftliches Lesen ruiniert die eigenen Geschichten, das Gelesene gäbe mir jedenfalls das Gefühl, irgendein Dahergelaufener, nahe bei mir lebend oder in der Ferne oder sogar tot, könnte meine Geschichten besser erzählen als ich selbst, wie erniedrigend und falsch war das denn!? Der Gedanke daran machte mich wütend. Ich wollte, dass meine erzählten und unerzählten Geschichten einzig in mir ihren Meister fänden. Zum Glück hast du nur diese eine Marotte, hatte Marlena immer gespottet. Ich vermisste sie.

Meine Eltern hatten die Zahlungen gestoppt, das heißt,

mein Vater hat die Zahlungen gestoppt, meine Mutter reichte mir ab und zu einen Hunderter, sie konnte mehr mit mir anfangen und fand es, im Gegensatz zu ihrem Mann, in Ordnung, sogar cool, dass ich schwul war, ich arbeitete nach dem »unehrenhaften Uni-Abgang«, wie mein Vater den Studien-Abbruch nannte, ein paar Monate auf der Post am Hauptbahnhof, zählte Briefe und half überall, wo Bedarf nach einem bestand, der all das machte, wofür es Bedarf gab, vor allem das Abhören der Probleme von Kolleginnen in den Pausen war beliebt, ich war dafür bekannt, gut zuhören zu können, denn ich wusste ja tatsächlich nicht alles besser.

Hätte ich mit diesem Skill eine Existenz aufbauen können? Als Psychiater vielleicht, aber, klar, das bedurfte eines Medizinstudiums, ich würde schon bei der Aufnahmeprüfung scheitern, meine naturwissenschaftlichen Vorkenntnisse waren in homöopathischer Dosis vorhanden, Kritikerinnen hätten gesagt: nicht nachweisbar. Das reichte nicht mal für das Statistik-Jahr bei den gemeinen Psychologen. Da hätte es auch nichts genutzt, wenn mir meine Mutter, die seit der Schulzeit als Vorleserin fungierte, mir die Lehrbücher zu Ohren gebracht hätte, mein Vater fand seit Jahren, nichts in die Ohren für den Bengel, er ist nicht ganz richtig, lieber eins an die Ohren für den, er braucht Widerstand.

Wie recht er doch hatte, ich war nicht ganz richtig, und wie falsch er gleichzeitig lag, ich war nämlich einfach an der verkehrten Adresse in seiner Umgebung, eine andere Welt hatte mich vor Kurzem mit offenen Armen empfangen und mir sofort das Gefühl gegeben, sie habe auf mich gewartet, ich war von null auf hundert goldrichtig. Dass diese Welt im angrenzenden Stadtteil lag, wusste ich viel zu lange nicht. Aber nun wusste ich es, und deshalb geht es ab sofort nicht mehr um meinen Vater, es geht auch nicht um meine Mutter, es geht wieder und einzig um die Wohnung am Park, die mir Marlena überlassen hat, und es geht um die dortige Nachbarin, von der ich zuerst nur ein wallendes Gewand in Grün sah und eine rote Mähne: Blue.

Ich komme gleich zu Blue. Und komme nicht mehr zu ihr, denn während ich dies schreibe, ist ihre Asche bereits im Atlantik verstreut. Deshalb rede ich noch etwas um den Brei herum, bis das Wunder Blue kommt, das nicht umsonst nach »Blaues Wunder« klingt, ein leuchtender Begriff, den wir einer Stahlbrücke in Dresden verdanken. Einer Stahlbrücke! Die Parallelen? Blue war unverrückbar. Sie war hart gegen sich, vielleicht nicht grade wie Stahl, verbindend wie eine Brücke allemal, sie verband die Menschen miteinander, über ihren Tod hinaus, ein Jahrhundert- und Meisterinnen-werk. Eine Frau. Ein Mensch! Der großzügigste. Gesegnet mit einem Gemüt aus Gold, gesegnet mit Seelenruhe. Ein Bergsee bei Windstille macht mich nervöser.

Es riecht nach Kaffee, Trost und Liebe. Wenn ich noch länger an sie denke, dann rieche ich Weißwein, Voltaren und Hundeatem. Meine Lust wächst, über Blue zu schreiben, Blue hat mich auserkoren, diese Geschichte zu erzählen. Es war kein Auftrag, es war eine Option, die sich auftat durch ihr Vertrauen. Sie wusste, einen expliziten Auftrag hätte ich ausgeschlagen. Aus Respekt. Und weil ich versagen könnte.

Zurück in meine Wohnung auf Zeit. Drei Zimmer, sechs Monate. Wobei Monate definiert sind. Ein Monat umfasst im Schnitt um die 30 Tage, ein Tag hat 24 Stunden und so weiter. Drei Zimmer, das heißt fast nichts, außer: drei Zimmer. Was die Wohnung, die ich übernommen hatte, in keiner Weise beschrieb, im Eingang hätte ich einen Tisch für acht Leute hinstellen können, dann war da dieser offene Raum, bestimmt fünfzig Quadratmeter, mit riesigem Gäste-Bad, will sagen: Toilette, aber das klingt vulgär, eine breite Glastüre, zwei hohe Fenster, der Raum bog um die Ecke zur Küche, die wieder in den Eingang führte, wo eine Tür einen zweiten, privaten Trakt erschloss: Gang mit Einbauschränken, Abstellraum, zwei Zimmer mit Sicht ins Grüne und den Gehweg, der zur Siedlung führte, sowie ein mit allen Schikanen ausgestattetes, leider fensterloses Badezimmer, ich sollte andere Glühbirnen einsetzen, mir gefiel die mittig angebrachte Glasziegelwand, die braunen Kacheln hingegen bereiten mir Unbehagen, vor allem, als ich trotz des Schummerlichts einige Mitbewohner erblickte, diese Canaillen kannte ich aus einer WG, da war ich nach zwei Wochen abgehauen, Silberfischchen, wie hübsch das klang, die kleinen Schwestern der Goldfische?, leider nein, ich fuhr den Zeigefinger mehrfach aus, um ein Insekt, das sich totstellte, zu zerdrücken, doch der Ekel vor dem toten Silberfisch war größer als der vor dem lebenden. Ich rief meine Mutter an, die gleich losgoogelte, ich musste wissen, wie ich die Viecher loswurde. Ich hatte nicht vor, mein nächstes halbes Jahr mit ihnen zu verbringen.

Die Lösungen: Ich hätte den Kriechern die Traum-Temperaturen, 20 bis 30 °C, verhageln können. Eine Kühltruhe in den Raum stellen, Deckel auf? Runterkühlen auf, sagen wir, 14 °C, mit einer Klimaanlage? Ich konnte mir beides nicht leisten. Der Luft Feuchtigkeit entziehen wäre eine weitere Variante, sie plagen mit Scheinwerfern eine dritte, dann: Ritzen, Fugen und Sockel neu abdichten und zwar mit Material, die die Schleck-Lust der Nervensägen nicht befriedigte. Nummer fünf: Weg mit den Schimmelpilzen, die sie fürs Leben gerne essen. Sechstens: War das alles widerlich! Die waren entsetzlich stabil, sie häuten sich mehrmals pro Jahr, fressen ungeniert die eigene Haut oder hungern monatelang ohne jeden Schaden. Hassenswert auch, dass der einzige Feind *gemeiner Ohrwurm* heißt, sollte ich den in mir züchten?

Alles schrecklich und erfolglos, ich ging zur Erholung in den Park, der einst Friedhof war, wie sinnig!, und betrachtete schlecht gelaunt mein Zuhause, die zweistöckige Häuserreihe lud mich nicht ein, um nicht zu sagen, sie war potthässlich, acht Wohnungen oben, acht unten, wie rostige Riesen-Legosteine, davor biedere Sitzplätze, aber schöner Ausblick auf mich und die mittige Pergola im Park, mit wildem Wein, Alleen, Kieswegen, Rosen, Rhododendron, Bänken, Kinderschaukel, Rutschbahn, Sandkasten und, erhöht, der hübschen klassizistischen Kirche, in bescheidener Weise thronend, falls es das gibt, ein Park voll gut gelaunter Menschen und diesem absurd langen Dackel, der mich nun kreuzte.

Ich schaute zu meinem Sitzplatz rüber und wurde sauer. Nur ihm, also mir, war das Privileg der schönen Aussicht versagt, davor stand nämlich ein gewaltiger Mammutbaum, der alles Licht fraß, was für ein Ärgernis, ich sah mich mit der Axt hantieren, aber, ach was, es war seine Natur, ich durfte ihm nicht böse sein, und ich war ja nicht allein, die obere Wohnung war auch betroffen. Dort lebte seit Jahren eine Wiener Opernsängerin mit ihrer Mutter, der Star und sein Fan, zwei, die aneinanderklebten wie die Kletten, zwei, die dem Baum glichen, wuchtig und verschattet, aber ohne Grün, immer zu wenig Sauerstoff, hatte Marlena gewarnt.

Und: Pass auf! Geh auf keinen Fall zum Strudelessen! Sie werden dich einladen, vollstopfen und gleichzeitig aussaugen, um der Verwaltung gegenüber etwas in der Hand zu haben, es stört sie nämlich, dass noch jemand atmet unter ihnen, leichter atmet als sie, das wissen sie nicht, sie halten sich für charmant und machen Böses ungeplant, quasi im Vorübergehen, wie im Traum öffnen sie den Abfallsack, den ich kurz vor der Tür stehen habe, und, ups!, ist er umgefallen, die Chili-Sauce rinnt raus, ob die Flecken je wieder weggehen werden?, ups!, die Wäsche in der gemeinsamen Waschküche ist mit rußigen Händen beschmutzt und die Fußmatte hat von heute auf morgen einen Riss durch den Schriftzug »Hallo«. Dann rufen die Verschatteten von oben an, um andere Leute in der Siedlung zu beschuldigen, während sie an ihren Waschtagen und auch darüber hinaus die Waschküche mit dem Schlüssel schließen, sie rumoren darin beängstigend, rumpeln und klopfen über dir, sind zu allem fähig, besonders, wenn sie dich kennen, verhalte dich anonym, zeig ihnen nicht, dass du ein Leben hast, das halten sie nämlich nicht aus in ihrer dunklen Wohnung, in den dunklen Proberäumen, nur auf der Bühne und im Zuschauerraum blühen sie manchmal kurz auf, in diesen seltenen Stunden würden sie dich nicht fertigmachen, sonst immer, zu Hause angelangt, ist die Scheinwerferwonne vergessen, der Frust geht los. Das musste auch die Physikerin, die neben mir wohnt, erleben, sagte Marlena. Die Details willst du gar nicht kennen. Da täuschte sie sich, ich wollte alles wissen, aber ich schwieg und ging nicht zum Strudelessen, weil ich nicht eingeladen worden war, vielleicht war das Atmen eines Mannes für die Wienerinnen weniger gefährlich als das Atmen einer Frau.

Die deprimierende Stimmung, die von Mammutbaum und Nachbarinnen ausging, war ansteckend, ich lag an meinen freien Tagen düster und mit flackernden Augenlidern im großen Raum oder starrte in den Baum vor dem Fenster. Warum schaute ich nicht in meinem hellen Schlafzimmer auf den Gehweg, vielleicht hätte ich dann ein paar andere Leute aus der Siedlung kennengelernt? Aber nein. Was war ich doch für eine undankbare Kirchenmaus, die dem geschenkten Gaul auf der falschen Seite tief ins dunkle Maul schaute und jammerte, anstatt mich mit dem vornehmen Pflanzenwesen anzufreunden, es war einzigartig und doch eines von vielen, die vor über 150 Jahren aus der Sierra Nevada gerissen und entführt wurden, nach Großbritannien natürlich, und dann in die Schweiz geschickt, von Queen Victoria persönlich, um neben Fabrikantenvillen, Spitälern und in Parkanlagen zu protzen. Voll der koloniale Move. Aber schon sehr schön anzuschauen, der Riese. Das bisschen Schatten. Sei nicht so kleinmütig, Leo!

Ja, ja, ja, ich war verwöhnt, trotzdem schaute ich neidisch zu den sieben anderen Parterrewohnungen, den besonnten Sitzplätzen, zu Rabatten und Beeten, die an das breite Rasenband und den gusseisernen Zaun zum Park grenzten, wo ich Anfang meiner zweiten Woche gleich nach dem Aufstehen eine Frau erblickte, eine Dame, eine Erscheinung in ausladendem langen, smaragdgrünen Sommerkleid. Als sie die Hände mit einer geschmeidigen Bewegung an die Taille legte, kam das Stoff-Muster in Bewegung, kleine, hingeworfene Kornblumen, ich dachte, Segel, ich dachte, Meer und Himmel, ich hörte die Brandung, einen Möwenschrei, die Frau mit den offenen roten Haaren kam mir unwirklich vor, aber sie war da, sie stand ganz vorne, am Zaun, und breitete die Arme aus, das sah einladend aus, aber auch, als wolle sie gleich wegfliegen, also ging ich rasch zu ihr und sagte Guten Morgen! Sie drehte sich um.

Guten Morgen, hallo junger Nachbar. Sie hatte das O von Hallo gedehnt und nach oben gelenkt, es hing jetzt über dem Mammutbaum. Eine dunkle Stimme mit Aura. Ich bin Blue. Sie lachte. Ein helles Lachen mit Aura.

Ich heiße Leo. Hallo Blue.

Leo, hallo und hallo an die junge, scheue Frau, die vor dir da war.

Marlena. Sie kommt wieder.

Gut. So heißt sie also. Sie soll, wenn sie da ist, zu mir kommen, wir haben uns immer verpasst.

Okay.

Schau, was für ein wunderschöner Tag.

Hier schon, bei mir ist es schattig.

Dann bleib hier! Ich habe Schokolade für dich, die Mutter meines WG-Partners hat sie mir gebracht, ich fragte, willst du mich wieder umbringen, beste Clarissa?

Warum?

Fortgeschrittene Diabetes. Hat mich überall angeknabbert. Ich bin einfach viel zu süß.

Oh, nein!

Clarissa sagte, nein, ich will dich bestimmt nicht umbringen. Sie sagt jedes Mal, bestimmt nicht. Kann sich entweder mich nicht merken oder das Wort »Diabetes«, vielleicht vergisst sie, was das Wort bedeutet, deshalb lasse ich nach »Diabetes« immer die Übersetzung folgen: Zuckerkrankheit.

Wie geht es dir mit der Zuckerkrankheit?

Sehr gut. Bis auf die schlechten Augen, die schlechten Füße, die Schmerzen.

Das tut mir leid.

Braucht es nicht. Schau dir diesen wunderschönen Tag an, Sonne, Rosen, du! Kaffee zu den Pralinen?

Gern.

Komm!

Sie schob mich auf ihre Terrasse, die voller Pflanzen war, Stühle, ein offener Koffer in der Ecke, der Tisch mit Geschirr vollgestellt, Blue sagte, räum auf!, denn ich werde es nicht tun, dann lachte sie, nein, natürlich sollst du nicht aufräumen, du sollst Kaffee trinken, er ist gut, *italiano*, los, schaufle dir einen Platz frei, Leo!

Sie drückte mir einen Mug in die Hand, schwarz mit roten Küssen drauf, nicht sehr gründlich abgewaschen, am Rand sah ich Lippen-Abdruck an Lippen-Abdruck, hoffentlich von ihr und nicht von ihrem WG-Partner, Bruno, der kurz in der Tür erschien, mich anstarrte und wieder verschwand, hoffentlich, um sich die Haare zu waschen. Neben dem Mug-Henkel, auf der linken Seite gab es noch ein paar saubere Zentimeter, ich spitzte meinen Mund und verbrannte mich gleich.

Blue sagte, langsam, langsam, wir haben alle Zeit der Welt, *amore*. Du weißt ja, die zwei größten Tyrannen: Zufall und Zeit. Davon verabschieden wir uns jetzt, Zufälle gibt es nicht, schau uns an!, und die Zeit ist keine Tyrannin. Im Gegenteil, *Take your time*, Leo, ja?

Blue sprach auf eine Art über Zeit, die Zeit verströmte. Alle Zeit der Welt, wiederholte ich nach einer Weile. Sie nickte. Ich fühlte mich gut, sie schenkte Kaffee nach.

Hast du schon andere Nachbarn getroffen?

Bis jetzt nur die Wienerinnen.

Dann liegen die Schlimmsten hinter dir, sagte sie fröhlich, was der Aussage jede Schärfe nahm, alles, was sie sagte und tat, war freundlich. Sogar als sie die Warnung Marlenas ergänzte und ausführte, wie die Opernsängerin und ihre Mutter versucht hatten, das Enkelkind der Physikerin, die ebenfalls im Haus wohnte, mit einer Lalique-Vase zu erschlagen oder im für sie schlechtesten Fall mit ein paar Beulen zu entlassen.

Ich war entsetzt, *mon dieu*!

Natürlich ohne Erfolg, sagte Blue, die beiden Königinnen der Nacht haben keinen Saft. Sie hob eine Braue.

Wie haben die das gemacht?

Ganz einfach, aus dem ersten Stock nach dem Enkelkind der Mortas geworfen.

Und warum Lalique? Das ist doch teuer!

Ein billiges Blau, aber sehr teuer. Zweitausend. Mindestens. Sie wollten bestimmt besonders listig sein. Hätten sie getroffen, hätte die Behauptung, es sei ein schrecklicher Unfall gewesen, glaubhafter gewirkt, als wenn die kleine Mimi mit einem Bierhumpen aus Pressglas attackiert worden wäre, oder?

Vielleicht. Mortas, so heißt die Physikerin?

Ja. Ein passender Name. Sie wohnt rechts von mir, sozusagen meine rechte Hand, die ich nie brauche, ich bin nämlich Linkshänderin, Blue lachte schallend.

Zum guten Glück ist nichts passiert. Mimi ist ein süßer Name, aber die Story, schrecklich!, habe Hühnerhaut.

Sei deinen dummen Nachbarinnen nicht böse, sie können nichts dafür, sei froh, dass sie miserable Werferinnen sind.

Was hat die Physikerin getan?

Nichts. Mortas reagiert nur auf Fakten. Das Enkelkind war unversehrt, also alles prima, sie hat gleich am Jäckchen für Mimi weitergestrickt, sie strickt in der Freizeit, dauernd. Mit der Präzision einer Maschine.

Und wo arbeitet Frau Mortas, wenn sie nicht strickt?

An der Hochschule. Sie ist spezialisiert auf ultratiefe Temperaturen, kein Scherz.

Klingt kühl.

Blue nickte, frostig regelrecht. Ja. So ist sie gestrickt. Unter null, Humor inklusive. Noch Kaffee? Pralinen aus dem Gefrierfach?

Nein, danke.

Mortas ist ordentliche Professorin. Alle wissen das. Aber sie betont es mir gegenüber noch immer. Und will damit sagen: Ordentliche Professorin versus unordentliche Nachbarin. Hat ja recht. Kommt dazu, dass sie Argentinierin ist, ich bin aus Brasilien. Wenn sie sauer ist, spricht sie nicht englisch, sie brettert auf Spanisch los, ich antworte mit meinen weichsten Sätzen. Die sind wie Wasser, sie umspülen den harten Stein. So kommen unordentliche Nachbarinnen prima über die Runden.

Kommt zum Temperaturunterschied und den weit auseinanderliegenden Punkten auf der Härteskala zufällig noch dazu, dass ihr beide Fußballfans seid? Vom jeweiligen Nationalteam? Desaster treten ja oft kumuliert auf.

Mein Interesse an Fußball würde ich moderat nennen. Schaue lieber Désirée zu, wie sie mit dem Ball spielt.

Ich wollte nach Désirée fragen, da nahm Blue die Brille ab, ich schaute in sehr grüne, große längliche Augen, wie in einen Garten, einen Augengarten, der sich paradiesisch anfühlte. Bevor ich zu starren begann, fiel mir ein, dass ich nicht im Garten verweilen durfte. Ohne auf die Uhr zu schauen sagte ich, ich muss.

Klar. Komm später wieder her, wenn du magst.

Gerne, vielen Dank. Jetzt sah ich auf mein Mobiltelefon und erschrak, die Arbeit auf der Post rief, sie pfiff, in einer halben Stunde musste ich antreten.

Im Bus freute ich mich bereits auf den Abend, da würde ich Blue wiedersehen, ich hatte heute innerhalb kürzester Zeit ein Zuhause gefunden, es war mir egal, dass das kitschig klang, wie aus einem schlechten Film, ich war gerne in einem schlechten Film, wenn Blue mitspielte.

Ich liebte Filme, Marlena und ich hatten uns nicht ganz zufällig im Filmpodium kennengelernt, als eine Reihe mit Buster Keaton lief, wir bewunderten ihn, ein Mann mit ernster Miene in einer Welt von verrückt gewordenen Häusern, Autos, Zügen und Wasserpumpen, der sich – jedem Gerät, der Prärie, Wasserfällen und den Menschen ausgeliefert – mit Grazie, Gelassenheit, ja Gleichmut malträtieren ließ, weil er integraler Teil dieser Welt war und sich damit abfand. Er war unser Vorbild in einer Zeit ohne Vorbilder.

Kaum zurück, schlich ich mich so nonchalant wie möglich zu Blue und setzte mich auf den Stuhl, auf dem ich heute früh gesessen hatte, er war jetzt mein, ich sei abergläubisch angehaucht, sagte meine Mutter, das stimmte, hoffentlich war Blue noch immer gut auf mich zu sprechen. Da rief sie bereits durch die offene Glastür, mach's dir gemütlich, komme gleich, es gibt Gazpacho.

Oh, wow, Klasse.

Als ich aufschaute, stand eine junge Frau mit dunklen Augen vor mir, sie hielt einen Säugling auf dem Arm, Blue rief von drinnen, das ist Romy, er heißt Leo, kannst ihm alles erzählen, habe ihn für dich getestet. Romy sagte, hoi Leo, ihre Zähne waren knallweiß, griff Stillen nicht die Zähne an?, meine Mutter sagte, jedes Kind stiehlt der Mutter einen Zahn, bekam der als Mini-Matrose gekleidete Säugling mit den spärlichen Haaren die Flasche oder war es ihr Neffe? Er lag bäuchlings auf Romys Unterarm, sein Kopf in ihrer Armbeuge, mit der freien Hand tätschelte sie den Windelhaufen am Po.

Leon, sagte Romy. Eben eingeschlafen. Hat sich in die Erschöpfung geschrien. Und mich auch.

Oh!

Neurodermitis.

Die Hautkrankheit, verstehe, es juckt.

Und wie – und fiel nicht vom Himmel. Ach, sorry, mein Problem.

Warum? Nein, *no problem*, erzähl weiter, ich habe zwar kein Kind, aber gut funktionierende Ohren.

Danke. Also. Massive Überbehandlung nach der Geburt.

Wann?

Vor fünf Wochen, im Spital, der Kinderarzt bestreitet es, fieser Typ, macht Mütter subtil fertig, den Kleinen haben sie mir am Tag nach der Geburt weggenommen. Fieber, hieß es. Wollten ihn monatelang auf der Neonatologie behalten. Herzrhythmusstörungen, hieß es. Wir haben anders entschieden und ihn mitgenommen, arme Neonatologie, sie hat Säuglinge nötig, *coute que coute,* eine volle Abteilung ist ein echtes Asset, kurz vor einer Spitalfusion, nicht? Dem Kleinen Zuckerlösung mit Koffein geben und mit künstlich gesüßtem Sirup beruhigen, statt der abgepumpten Milch, vierundzwanzig Stunden Volllicht in einer Technikhölle, die gleich viel Mitgefühl hat mit den kleinen und den großen Menschen wie das Personal. Zum Glück gibt es Blue.

Blue stand jetzt vor uns und stellte zwei Gläser mit Gazpacho auf den Tisch, Romy, zum Glück gibt es dich, *melhor* Mama, sagte sie und wiederholte: Beste! Der Schatz schreit auch, weil er so intelligent ist, natürlich sind die Ausschläge schlimm, aber ihm fehlt es öfter an Festlaune, weil er nicht sprechen kann, wirst sehen, sobald er spricht, wird er zufrieden sein wie ein Pfirsich, er hat der Welt viel zu sagen, so wie du, denk an mich!

Ich denke eh an dich, sagte Romy und lächelte. Sag mir, Blue, wie war dein Tag?

Wunderschön, antwortete Blue.

Das wollte Romy hören. Sie strahlte. Und ich wollte es auch hören.

Es dunkelte ein, wir unterhielten uns, bis sich Bruno dazusetzte und der Vater des Kleinen, der zu dieser späten Stunde nicht mehr vorgestellt wurde, er hatte Bier mitgebracht, der Säugling schlief noch immer, Romy und ich hatten das dritte Glas Gazpacho ausgelöffelt und tranken Weißwein. Blue saß zwischen uns, von Zeit zu Zeit legte sie mir, dann Romy, wortlos vergnügt, einen Arm über die Schulter. Es war zappenduster. Sorry, Blues Lichterkette ist seit Weihnachten kaputt, sagte Bruno, bevor wir einander eine gute Nacht wünschten und in drei Wohnungen verschwanden, ich schlief schon bald ein und durch, das erste Mal nach vielen Monaten. Am Morgen war ich euphorisch, ich ging noch vor dem Zähneputzen zu Blue, die mir ein Stück Pfirsichkuchen reichte.

Mit Kokossplittern und Ricotta, bitte loben!

Hast du eine Kasse, darf ich etwas beitragen?

Sie schüttelte den Kopf, schau dir diesen wunderschönen Tag an!

Er ist wunderschön.

Sag ich ja.

Wie geht es dir?

Ich habe Schmerzen, aber auch Voltaren. Und wegen der Kasse, ich habe keine, bring einfach mal was mit, etwas, das dir gefällt oder schmeckt, ja?

Gern.

Oder geh mit dem kleinen Leon in den Park, damit Romy und ihr Mann einen Mittagschlaf machen können.

Gute Idee.

Ich würde es machen, aber ich kann nicht weit gehen ohne Hilfe. Schwierig, mit dem Rollator den Kinderwagen schieben. Stell es dir vor! Sie fand das sehr lustig.

Ich wusste nicht recht, was sagen, da fielen mir die Silberfischchen ein, ich erzählte vom Befall des Badezimmers und was ich mir überlegt hatte, Blue fand das alles völlig unproblematisch.

Mach dir keinen Kopf, mein Junge.

Echt?

Ja. Verschwende dich nicht auf solche Lappalien, besorg dir lieber einen Lover!

Ich staunte, schnappte nach Luft, ich hatte ihr von meinem größten Wunsch nichts erzählt, sie zwinkerte und warf mir eine Kusshand zu, da fegte ein beiges, fettes Tier aus der Wohnung und drehte blitzschnell eine Runde auf dem Rasen, eine Sekunde später saß der kleine, runde Braten auf meinen Beinen, glotzte mich aus riesigen, aufgerissenen Augen an und hechelte wie ein kleiner Föhn aus einem flachen, dunklen Fellgesicht, das menschliche Züge trug, ich kniff die Augen zu, hielt den Atem an, bis es nicht mehr ging, dann stellte ich fest, die Kugel stinkt ja gar nicht. Schon sprang sie wieder von meinem Schoß, drehte eine Runde, dann noch eine und rannte weg. Ich war erleichtert.

Das ist Désirée, sagte Blue, Désirée ist ein Mops.

Das ist also Désirée. Ein Mops? Ich kannte das Gedicht *Ottos Mops,* einen Mops hatte ich noch nie aus der Nähe gesehen, es war mir erspart geblieben, da rannte diese Désirée bereits wieder auf mich zu, landete auf meinem Schoß – und glotzte. Hechelte. Wedelte. Klopfte mit der Vorderpfote auf meine Brust. Was sollte das?

Sei brav, Désirée, ja? Sie war im Tierspital, durfte erst vorhin nach Hause. Bruno hat sie geholt.

Mir schien, sie hatte sich bestens erholt, ich wollte etwas Gemeines denken, da legte die Mopskreatur den Kopf schräg, was mich gegen meinen Willen entzückte. So blieb das Tier eine Weile sitzen, den Kopf einmal links, dann rechts, mich immer im Bettelblick, während Blue in aller Seelenruhe wieder auf die Silberfischchen zu sprechen kam, zu Désirée sagte sie nichts mehr, und sie kam nicht auf die Idee, mich zu befreien. Ich war verdammt, mich mit dem Hund – oder was auch immer das war auf meinem Schoß – abzufinden. Unterdessen war Mops Désirée zusammengesackt wie ein abkühlendes Soufflé, drückte mir das Köpfchen in den Bauch und schnarchte. Da streichelte ich das Köpfchen, was blieb mir anderes übrig?, es war warm.

Sie leisten dir Gesellschaft, oder?

Wer? Die Silberfischchen?

Ja.

So könnte man das vielleicht sehen.

Sie fallen dich nicht an, beißen nicht, reden keinen Unsinn. Wo ist das Problem?

Sie lauern.

Sie lauern, um Haare wegzuschaffen, die fressen Haare, kein schlechtes Gefühl mehr wegen der Haare, die ausfallen und rumliegen, deine sind erst noch dunkel, jetzt bist du noch jung, plötzlich bist du froh um die Insektenfreunde, die Hautschuppen und Milben fressen. Den Pfirsichkuchen würde ich wegpacken, Bücher auch, sie mögen den Leim im Bucheinband, auch das neue, sehr hässliche Kleid von Mortas könnte ihnen zum Opfer fallen, eine ästhetische Entlastung für die ganze Welt, außerdem verputzen sie Papier, ihre Notizen zu noch tieferen Temperaturen: voller Löcher. Oje.

Ich lachte. Dass Silberfischchen Bücher abräumten, fand ich toll. Blue sagte, deine Augen glänzen, entweder du heulst gleich los oder aber du siehst etwas Gutes am Horizont.

Das zweite – *mon dieu,* die Frau hatte Instinkt.

Ich mag Bücher nicht, weil ich nicht lese. Ich hasse lesen, sagte ich befreit.

Blue lachte los und wollte gar nicht mehr aufhören, hell, wie beim ersten Mal, dann kam eine Basspassage, ihr Bauch wackelte, sie fand alles großartig. Kommst du zum Nachtessen?

Ich fliege.

Gut. Ich musste so lachen, weil ich vorhatte, dich zu bitten, mir ab und an vorzulesen. Meine Augen machen schlapp. Aber du hasst es zu lesen. Originell.

Hassen ist zu viel gesagt. Gar keine Frage, ich lese dir vor. Aber nur an wunderschönen Tagen.

Also immer. Prima. Ich mache Lachs mit Muskat oder Bacalhau, wie du ihn noch niemals gegessen hast, im Römertopf, kännsch. Nai? Egal, isch fein.

Sprichst du Mundart?

I wo! Warum, verstehst du mich nicht, Schätzchen?

Sie lachte, wann lachte sie eigentlich nicht?, und ich wusste, ich hatte die Beste der Besten getroffen.

Désirée schlief, röchelte und zuckte.

Was soll ich mit dem Tier, Blue?

Bleib einfach sitzen, sei nicht ungemütlich. Ich bringe Sekt.

Es ist Morgen!

Und?

So ging das, bis der Mops gähnend aufgestanden und in die Wohnung getrottet war. Meine schwarze Hose war übersät mit beigen Haaren, Blue reichte mir eine Fussel-rolle und küsste mich auf die Stirn.

Und, ja, der Lachs zum Nachtessen war vorzüglich. Bevor ich in meine Wohnung ging, schlenderte ich zu Romy rüber, sie lag draußen auf dem Liegestuhl. Als sie mich sah, zog sie die Kopfhörer von den Ohren. Es war laut hier draußen, die Nachbarn stritten mit offenem Fenster, deren Kinder weinten, während ihre zwei Augensterne, wie Romy Mann und Sohn nannte, versuchten, drinnen zu schlafen.

Mara und Thomas, die du hörst, ziehen nach Stuttgart nächsten Monat, sagte Romy, das ist nicht einfach, wir ziehen gleichzeitig nach England, uns fällt es leicht, wir hoffen, dass das Insel-Klima Leon hilft.

Ich drücke euch die Daumen. Darf ich in der Zwischenzeit mit dem Kleinen mal in den Park?

Sehr gern. Sie strahlte.

Gut Nacht, Romy!

Gut Nacht, Leo!

Ich hatte mich schon umgedreht, da fragte Romy, kommst du mal zum Essen, bevor wir gehen?

Gern.

Schade, dass sie wegziehen, dachte ich.

Dass Désirée jede Lücke auffüllen würde in meinem Leben, konnte ich noch nicht wissen, ich konnte nicht wissen, dass sie schon bald abwechselnd bei Blue und bei mir wohnte, bereits am nächsten Morgen spazierte der Hund durch die offene Tür ins Wohnzimmer, sprang auf das Sofa, wo ich mit Kaffeetasse in der Hand eingenickt war, um mein Gesicht zu traktieren, sein Geschlecke konnte ich eine Weile in einen Alien-Traum integrieren, aus den Mäulern der Außerirdischen schossen kissenweiche Zungen, absonderlich, wie das Gesichtchen von Désirée, das ich bald darauf sah und, welch schlimme Überraschung: Ich freute mich über den Mopsbesuch. So war ich nicht mehr allein mit den Silberfischen.

Seit dem ersten Treffen am Zaun saß ich nun immer, wenn ich frei und nichts zu tun hatte, bei Blue, oft draußen, manchmal im Wohnzimmer. Als Blue mich zum ersten Mal hineinbat, erschrak ich über den Staub auf ihrem Clubtisch, Blue folgte meinem Blick und schrieb mit dem Finger schwungvoll, Bitte, entstaube mich! auf das Möbel. Ich schrieb auf die verbleibende freie Glasfläche, später oder nie!, besorgte mir aber gleich einen Lappen und putzte den Dreck weg. Danke, sagte Blue und befahl, bei Mortas drüben Zucker zu borgen, ihrer sei ausgegangen, und ich sollte meinen Tee bestimmt nicht ungesüßt trinken müssen, also los! Ich kam mit Zucker und einem Geschenk zurück, Kokos-Makrönli für Diabetiker, *a little gift*.

Mortas macht mir eine »kleine Freude«? Erzähl keinen Unsinn! Die Makrönli sind bestimmt von dir.

Nein.

Ach so, Mortas glaubt, ich sterbe bald, ja? Jetzt wird sie ganz mürb. Ich sterbe bestimmt, aber sicher nicht heute.

Und morgen auch nicht.

Darüber reden wir morgen. Vorher kommt die Tiefentemperatur persönlich und setzt sich zu uns, sie würde sich meine ewige Dankbarkeit für ihre Aufmerksamkeit niemals entgehen lassen.

Es gab immer viel zu lachen, mit der Zeit auch zu weinen, weil Blues Schmerzen dominierten, sie war nicht mehr Herrin im Haus, besonders an regnerischen Tagen. Blue beharrte darauf, dass auch diese Tage wunderschön seien, es ist Sommer, rief sie und sah sich nicht veranlasst, dem etwas hinzuzufügen, sie wischte einfach die Tränen weg, und setzte dann doch hinzu: Immerhin, für Unterhaltung ist gesorgt. Jetzt, wo es mir miserabel geht, kommen alle hierher, auch untereinander läuft es prima, bis auf klitzekleine Ausnahmen. Der Feuilleton-Tante in der sechs, den drei superblonden Hausers und den Königinnen der Nacht werde ich viel Liebe und Gelassenheit von ganz oben schicken müssen.

Blue, wovon sprichst du? Hör sofort auf!

Ach, mein lieber Junge.

Wo ist der Junge?, rief eine weißhaarige, auffallend sorgfältig frisierte Dame aus dem oberen Stock. Sie stand auf dem Balkon und schaute zu uns.

Hier, Frau Dior. Blue zeigte auf mich.

Dann ist ja gut, sagte die weißhaarige Dame und ging wieder in die Wohnung.

Das ist Frau Dior, ich nenne sie so, weil sie in Paris als Model für Dior arbeitete, sie war mit dem berühmtesten Seidenhändler der Stadt verheiratet und nannte mich bis vor Kurzem »Kleine Rote«, süß, oder?, ich korrigierte immer zu »Kleine Hennarote«, das fand sie probat, jetzt hat sie ein wenig die Orientierung verloren, ihre Cousine, die gleich neben ihr wohnt, schaut nach ihr. Die hat übrigens auch einen Namen für mich: »Zeitmaschinchen«. Finde ich charmant.

Und so wahr. Aber leider noch zu wenig bekannt. Die

Menschen wissen nicht, bei wem sie sich für die Extra-Zeit bedanken sollten.

Ach, was, übertreib nicht!, sagte Blue.

Frau Dior trug ausschließlich Chanel. Dazu roten Lippenstift, mit dem sie die Lippenmitte betonte, so stempelhaft-perfekt, dass ich mich fragte, ob sie mit einer Schablone arbeitete, um das runde Mündchen der Stummfilm-Stars wie Lillian Gish hinzukriegen, mir imponierte die geishahafte Aufmachung der Frau Dior, die über 90 Jahre alt sein musste, ihren Füßen schien es noch immer gut zu gehen, sie trug meist helle Schuhe mit Absätzen. Strümpfe und Handschuhe waren Pflicht. *Quelle élégance!,* rief ich, wenn sie mit der Cousine im Park spazierte. Beide winkten. Als ich mich wenig später mit der Cousine im Treppenhaus über Katzen und Menschen unterhielt, lobte sie Blue, ihr Zeitmaschinchen, ich sagte, ohne Blue würde die Welt verrohen und den Bach runtergehen, wir wären alle verloren, worauf sie mich umarmte.

Eines Abends setzte sich die heitere Familie Koller zu uns, sie brachte ihren eigenen Tisch mit, Hans war Treuhänder, Janine hatte in Rwanda die Ausbildung zur Krankenschwester gemacht, dann war sie geflüchtet, ihre Tochter rezitierte Gedichte zum Nachtisch, der Sohn erzählte vom Dressurreiten, ob ich zum Footing mitkomme, wollte Janine wissen, und ob ich ihren größten Traum kenne. Nein. Ein Buch schreiben. Ich habe die Feuilleton-Tante in Haus sechs um Hilfe gebeten, erzählte Janine, die hat nur grimmig geschaut. Vergiss sie, sagte Blue, frag Leo! Schau, neben der Feuilleton-Tante will kein Mensch leben, Blue zeigte auf die leere Wohnung, die Abend für Abend ein dunkles Geheimnis blieb. Den Optiker über der Feuilleton-Tante sehe er auch nie, sagte Hans, und die Hausers wünschten keinen Kontakt, bestimmt wegen ihres Kindes, bereits zehn Jahre alt und noch immer winzig. Schon klar, seine Mutter hat während Schwangerschaft und Stillzeit Kette geraucht! Hans war laut geworden. Blue sagte nur, die Frau ist selber auch winzig.

Einige Tage später bekundete Blue Mühe mit dem Halten der Zigarette sowie damit, ihre üppig sprießenden Haare in Form zu bringen und die Nägel so zu lackieren, wie es ihr seit jeher gefiel, da kam Mara, hier blättert jetzt nix mehr ab, ich bin da, sagte sie, die sonst zurückgezogen lebte, sie sei frustriert und antriebslos, sagte Mara, ihr Mann, Thomas, und sie hatten zusammen studiert, er Rechtswissenschaften, sie Geschichte, in diesem wählerischen Land habe aber nur er Arbeit gefunden. So eine kosmetische Aufmöbelung sei Balsam, es hebe ihre Laune um hundert Prozent, besonders, wenn sie Blue gelte.

Wir plauderten, während Mara Blues Nägel mindestens dreimal lackierte.

Blue hat viel für mich getan, und ich habe nichts für sie getan, sagte Mara am Abend, als ihre Familie und die Familie aus Kobe vereint bei Blue saßen.

Stimmt überhaupt nicht, sagte Blue, noch so eine Aussage und du musst fünf Lieder singen. Du legst bei dir drüben doch Vorräte an und würdest mich im Falle eines Atomkriegs nicht vergessen. Stimmt, sagte Mara. Bin raffgierig wie ein Hamster.

Was redest du da?, sagte Blue und fasste sie bei der Hand.

Ich horte Plätzchen und Dosenfutter, und wir braten jeden Abend Würstchen auf dem Familien-Grill, sind wir nicht peinlich?

Schmecken die Würstchen euch lustigen Mädchen denn?, fragte Blue.

Und wie!, riefen die Mädchen und hopsten auf den Stühlen.

Die japanische Familie nickte, sie hatte Blue für ihre Gastfreundschaft feierlich ein schwarz lackiertes Kästchen überreicht, das glänzte wie die schwarzen Haare des schönen Jungen, der in einem Monat kein Einzelkind mehr sein würde.

Euer Kästchen wird sich schon bald füllen mit den Ansichtskarten, die Mara und Romy mir aus Stuttgart und London schicken werden, wenn sie dort sind, das Bijou kommt natürlich mitten auf den Glastisch, den Leo so schön geputzt hat, sagte Blue auf Englisch und schaute zu mir.

Der Junge mit den schwarzen Haaren lächelte.

Are you still eating?

Mortas war erschienen.

No, my dear, sagte Blue, ich bin satt von deinen köstlichen Makrönchen, vielen Dank und willkommen.

Mortas nickte, sagte, *have fun,* und ging wieder.

Blue sagte, ach.

Zwischen den Lateinamerikanerinnen Blue und Mortas herrschte Konkurrenz und Solidarität, Mortas war durch und durch Argentinierin, Blue stammte mütterlicherseits aus Rio, ihr Vater, ein Schiffbauingenieur, war in den Vierzigerjahren aus Wien vor den Faschisten geflüchtet, er gab seine Hoffnungen und die roten Haare an Blue weiter, die in Rio als gute Partie galt und einen attraktiven Piloten heiratete, ein Paar wie aus einem Werbefilm, auch unsre beiden Söhne passten zuerst gut dazu, sagte Blue.

Die Physikerin hatte ihre beiden Söhne alleine großgezogen und ihre akademische Karriere gegen viel Widerstand vorangetrieben, was sie bisweilen an den Rand der Verzweiflung getrieben hatte, Respekt!, rief Blue, bei ihr war es ähnlich gewesen, obwohl verheiratet, war sie bei der Pflege und Erziehung der beiden Söhne auf sich gestellt, ihr Mann kam von Zeit zu Zeit, um seine Vorstellungen zu formulieren, die Kinder zu schlagen und auch sie. Wenn sie sich zwischen Mann und Söhne stellte, was sie immer tat, war der Mann erleichtert, schon wieder bot sich ihm ein Vorwand, um Blue zu züchtigen, zuerst mit der Hand, später griff er zur Reitgerte.

Die Familie zog von Rio ins Ausland, weil der Ehemann, Vater und Pilot, »Kapitän« genannt, aus Gründen des Prestiges zu der hiesigen Fluggesellschaft wechselte, Blue stöckelte mit 15-Zentimeter-Absätzen und langen Fingernägeln in Alarmrot durch das Dorf, ein Schock für die Einheimischen. Warum nur hatte sie die Zivilisation verlassen, ihre Sprache, ihre Freundinnen? Um ganz von diesem Despoten abhängig zu sein, auch sozial. Schon bald befahl er ihr, nicht mehr allein auszugehen, während er sich nächtelang anderswo vergnügte. Fragte sie nach, holte er die Reitgerte und schlug sie grün und blau, am Morgen nach dem Diplomatenessen in der Hauptstadt mit solcher Kraft, dass sie nicht aufstehen konnte.

Blue hatte am Abend zuvor alles gegeben, ich hatte aufgerüstet, berichtete sie, inklusive falschen Wimpern, sündenteurem, echtem Nerz, ich saß zwischen zwei Diplomaten, der kultivierte Mensch aus Afrika sprach Portugiesisch, er war in Festlaune und brachte mich zum Erzählen und Fuchteln, wir haben Tränen gelacht, da löste sich ein Wimpernkranz, die Nerzhaare schwammen in der Kressesuppe, wir versuchten gemeinsam zu retten, was zu retten war, die Leute um uns gerieten in Schwingung, legten ihre Steifheit für einen Moment ab, da sah ich das Gesicht meines damaligen Mannes, ich wusste, mein Benehmen würde Konsequenzen haben. Und so war es. Wir gingen nach Hause, er sprach kein Wort, nichts geschah, erst frühmorgens, ich schlief noch, riss er die Bettdecke zur Seite und schlug so lange auf mich ein, bis das Laken blutig war. Ich konnte tagelang nicht gehen, einige Narben am Rücken verheilten nicht gut, ich hebe jetzt aber nicht das Kleid, keine Angst, ich will, dass du mich hübsch findest, Leo.

Du bist nicht hübsch, du bist schön. Ich weinte.

Nach solchen Erzählungen sagte Blue immer, ich mache uns Kaffee …

… an diesem wunderschönen Tag, ergänzte ich.

Genau.

Ich las ihr die interessantesten Artikel aus der Zeitung vor, aber auch ihre Rechnungen, derweil sich Bruno im hinteren Teil der Wohnung verschanzte, ich weiß nicht, was er trieb, ich verstand auch nicht, was Blue in ihm sah, einmal erwähnte sie ganz nebenbei, dass Bruno für sie da gewesen sei, als ihr jüngerer Sohn verschwand, es sei in Brasilien passiert, an einem Ort, der mehr einem Gefängnis als einer psychiatrischen Einrichtung glich, der Gedanke lasse sie nicht los, dass ihr ehemaliger Mann dahinterstecken könnte. Dem depressiven Sohn gegenüber sei er immer hart und grausam gewesen, dessen Krankheit empfand er als ihr Versagen. Ich hätte seinen Gen-Pool verschmutzt.

Der Saubermann fand deshalb, eine neue Strafe tue not, und ließ sich Blues brasilianischen Grundstücke überschreiben, von einer Frau, die sich als Blue ausgab, dann holte er mit einer gefälschten Vollmacht das Tafelsilber, Meißner Porzellan und den Renoir bei der Bekannten in Rio, die Blues Erbstücke für sie gehütet hatte, alles verschwand, genauso wie das gesamte Vermögen des Ehemanns, während hier die Kampfscheidung tobte, um, wie so oft, zu Ungunsten der Ehefrau auszugehen.

Bruno war in den letzten zwei Wochen nicht mehr aus seinem Zimmer gekommen, nur einmal wankte er zu uns heraus und griff nach Leon im Wagen, da nahm ich den Kleinen hoch, wir waren Freunde geworden, Leon wollte immer schaukeln, Hunde faszinierten ihn, also schaukelten wir häufig im Park, und ich erkundete für ihn Hunde, damit er sie anfassen konnte, das furchtlose Kerlchen jauchzte.

Ich schmierte sein Gesichtchen, seine Arme und Beine vor der Ablieferung bei Romy immer mit Nachtkerzenöl ein und kämmte die paar Haare, die am Hinterkopf klebten, das Babybürstchen hatte ich in der Apotheke um die Ecke gekauft und mich glatt in den Apotheker verguckt.

Dann musste Blue ins Krankenhaus. Nach Augen und Füßen wollte ihr Herz auch nicht mehr recht. Anfang September hörte es auf zu schlagen. Ich saß im Bad und schaute den Silberfischchen zu, die es seit über 300 Millionen Jahren gab, flügellos und lichtscheu wie ich in diesen Tagen, und ich saß unterm Mammutbaum. Marlena rief an. Ich erzählte ihr von den Silberfischchen, sie fragte, geht es dir gut? Ja, ihre Fressvorliebe ist wie meine: Zucker und Stärke, deshalb nennt man den Silberfisch auch Zuckergast. Leo Zuckergast soll mein Pseudonym sein. Die Komplexaugen fehlen noch, aber ich fange an, den Schatten und die Dunkelheit zu lieben, wie meine Silberschwestern.

Da erschien mir Blue im Traum und schimpfte mich aus.

Obwohl mir die Silberfischchen und der Mammutbaum nah waren, verließ ich sie und zog in Blues Wohnung, Bruno war verschwunden, Mops Désirée hatte Hunger, die Miete wurde per Dauerauftrag bezahlt, von wem auch immer, Marlena würde bald wieder hier sein, mein Vertrag für den Job auf der Post war verlängert worden, inklusive Beförderung, und ich las nicht nur regelmäßig, ich hatte angefangen zu schreiben.

Am Morgen vor der Abdankung stand ich im Park und schaute auf Blues Sitzplatz, hier hätte ihr Abschied stattgefunden, wären wir noch im 19. Jahrhundert, den neuen Friedhof erreichte ich mit der Straßenbahn, drei Stationen, ich ging unter Platanen, Blutbuchen, Linden und Zypressen an Urnenhof und Familiengräbern vorbei zur Friedhofskapelle, »max. 140 Leute«, stand da, wir waren dreißig, fast alle Bewohner der Siedlung, inklusive Romy und Mara, der Opernsängerin mit Mutter, dann noch Brunos Mutter, Clarissa, meine Mutter und der Apotheker, Andi, sowie

Blues älterer Sohn, der ihre Asche mitnehmen und im Meer verstreuen würde.

Ich hörte die Pfarrerin kaum, stattdessen schrie eine Möwe, ich roch das Meer, ich dachte, Segel, ich hörte die Brandung und an der Wand der Kapelle saß in einem handgroßen Lichtkegel ein Kleiner Fuchs, seine Flügel waren hennarot. Ich dachte, wie aus einem schlechten Film und spürte Tränen, Buster Keaton riet mir aufzustehen, ich ging nach Hause, um an diesem wunderschönen Tag dem Empfang für die Trauergemeinde auf Blues Terrasse den letzten Schliff zu geben.

Anekdote zur Senkung der Arbeitsmoral

In einem Hafen an einer westlichen Küste Europas liegt ein ärmlich gekleideter Mann in seinem Fischerboot und döst. Ein schick angezogener Tourist legt eben einen neuen Farbfilm in seinen Fotoapparat, um das idyllische Bild zu fotografieren: blauer Himmel, grüne See mit friedlichen, schneeweißen Wellenkämmen, schwarzes Boot, rote Fischermütze. Klick. Noch einmal: klick, und da aller guten Dinge drei sind und sicher sicher ist, ein drittes Mal: klick. Das spröde, fast feindselige Geräusch weckt den dösenden Fischer, der sich schläfrig aufrichtet, schläfrig nach seiner Zigarettenschachtel angelt. Aber bevor er das Gesuchte gefunden, hat ihm der eifrige Tourist schon eine Schachtel vor die Nase gehalten, ihm die Zigarette nicht gerade in den Mund gesteckt, aber in die Hand gelegt, und ein viertes Klick, das des Feuerzeuges, schließt die eilfertige Höflichkeit ab. Durch jenes kaum meßbare, nie nachweisbare zuviel an flinker Höflichkeit ist eine gereizte Verlegenheit entstanden, die der Tourist – der Landessprache mächtig – durch ein Gespräch zu überbrücken versucht.

»Sie werden heute einen guten Fang machen.«

Kopfschütteln des Fischers.

»Aber man hat mir gesagt, daß das Wetter günstig ist.«

Kopfnicken des Fischers.

»Sie werden also nicht ausfahren?«

Kopfschütteln des Fischers, steigende Nervosität des Touristen. Gewiß liegt ihm das Wohl des ärmlich gekleideten Menschen am Herzen, nagt an ihm die Trauer über die verpaßte Gelegenheit.

»Oh? Sie fühlen sich nicht wohl?«

Endlich geht der Fischer von der Zeichensprache zum wahrhaft gesprochenen Wort über. »Ich fühle mich großartig«, sagt er. »Ich habe mich nie besser gefühlt.« Er steht auf, reckt sich, als wollte er demonstrieren, wie athletisch er gebaut ist. »Ich fühle mich phantastisch.«

Der Gesichtsausdruck des Touristen wird immer unglücklicher, er kann die Frage nicht mehr unterdrücken, die ihm sozusagen das Herz zu sprengen droht: »Aber warum fahren Sie dann nicht aus?«

Die Antwort kommt prompt und knapp. »Weil ich heute morgen schon ausgefahren bin.«

»War der Fang gut?«

»Er war so gut, daß ich nicht noch einmal ausfahren brauche, ich habe vier Hummer in meinen Körben gehabt, fast zwei Dutzend Makrelen gefangen.«

Der Fischer, endlich erwacht, taut jetzt auf und klopft dem Touristen auf die Schulter. Dessen besorgter Gesichtsausdruck erscheint ihm als ein Ausdruck zwar unangebrachter, doch rührender Kümmernis.

»Ich habe sogar für morgen und übermorgen genug!« sagte er, um des Fremden Seele zu erleichtern. »Rauchen Sie eine von meinen?«

»Ja, danke.«

Zigaretten werden in Münder gesteckt, ein fünftes Klick,

der Fremde setzt sich kopfschüttelnd auf den Bootsrand, legt die Kamera aus der Hand, denn er braucht jetzt beide Hände, um seiner Rede Nachdruck zu verleihen.

»Ich will mich ja nicht in Ihre persönlichen Angelegenheiten mischen«, sagt er, »aber stellen Sie sich mal vor, Sie führen heute ein zweites, ein drittes, vielleicht sogar ein viertes Mal aus, und Sie würden drei, vier, fünf, vielleicht sogar zehn Dutzend Makrelen fangen. Stellen Sie sich das mal vor!«

Der Fischer nickt.

»Sie würden«, fährt der Tourist fort, »nicht nur heute, sondern morgen, übermorgen, ja, an jedem günstigen Tag zwei-, dreimal, vielleicht viermal ausfahren – wissen Sie, was geschehen würde?«

Der Fischer schüttelt den Kopf.

»Sie würden sich in spätestens einem Jahr einen Motor kaufen können, in zwei Jahren ein zweites Boot, in drei oder vier Jahren könnten Sie vielleicht einen kleinen Kutter haben, mit zwei Booten oder dem Kutter würden Sie natürlich viel mehr fangen – eines Tages würden Sie zwei Kutter haben, Sie würden …«, die Begeisterung verschlägt ihm für ein paar Augenblicke die Stimme, »Sie würden ein kleines Kühlhaus bauen, vielleicht eine Räucherei, später eine Marinadenfabrik, mit einem eigenen Hubschrauber rund-fliegen, die Fischschwärme ausmachen und Ihren Kuttern per Funk Anweisung geben, sie könnten die Lachsrechte erwerben, ein Fischrestaurant eröffnen, den Hummer ohne Zwischenhändler direkt nach Paris exportieren – und dann …« – wieder verschlägt die Begeisterung dem Frem-den die Sprache. Kopfschüttelnd, im tiefsten Herzen betrübt, seiner Urlaubsfreude schon fast verlustig, blickt er auf die friedlich hereinrollende Flut, in der die ungefangenen Fische munter springen.

»Und dann«, sagt er, aber wieder verschlägt ihm die Erregung die Sprache.

Der Fischer klopft ihm auf den Rücken wie einem Kind, das sich verschluckt hat.

»Was dann?« fragt er leise.

»Dann«, sagt der Fremde mit stiller Begeisterung, »dann könnten Sie beruhigt hier im Hafen sitzen, in der Sonne dösen – und auf das herrliche Meer blicken.«

»Aber das tu ich ja schon jetzt«, sagt der Fischer, »ich sitze beruhigt am Hafen und döse, nur Ihr Klicken hat mich dabei gestört.«

Tatsächlich zog der solcherlei belehrte Tourist nachdenklich von dannen, denn früher hatte er auch einmal geglaubt, er arbeite, um eines Tages einmal nicht mehr arbeiten zu müssen, aber es blieb keine Spur von Mitleid mit dem ärmlich gekleideten Fischer in ihm zurück, nur ein wenig Neid.

Eine Apologie für Müßiggänger

Gerade jetzt, da ein jeder unter der Androhung, andernfalls durch Säumnisurteil wegen Respektabilitätsbeleidigung belangt zu werden, einen einträglichen Beruf zu ergreifen und ihm mit an Enthusiasmus grenzendem Eifer nachzugehen gehalten ist, hat ein Gegenruf derer, die zufrieden sind, wenn sie ihr Auskommen haben, und derweil gern zuschauen und genießen, einen Beigeschmack von Prahlerei und Überheblichkeit. So sollte es aber nicht sein. Auch der sogenannte Müßiggang, der ja nicht darin besteht, nichts zu tun, sondern vieles von dem zu tun, was der rigide Kanon der herrschenden Klasse nicht anerkennt, darf seinen Standpunkt mit dem gleichen Recht vertreten wie der Fleiß. Ich räume ein, dass die Gegenwart von Menschen, die sich dem großen Hindernisrennen um Sixpenny-Stücke verweigern, für jene, die daran teilnehmen, zugleich ein Affront und eine Enttäuschung ist. Ein trefflicher Gesell (wie wir so viele davon kennen) fasst einen Entschluss, wählt die Sixpences und geht, ganz im Sinne dieses forschen Amerikanismus, »aufs Ganze«. Und derweil so einer sich mühsam den Weg nach oben bahnt, ist sein Groll nur zu verständlich, wenn er auf den Wiesen am Wegesrand gelassene Mitmenschen ruhen sieht, mit einem Sacktuch über beiden Ohren und auf Armeslänge einem Glase neben sich. Alexander wird von der Geringschätzung eines Diogenes an einem wunden Punkt getroffen. Und was blieb jenen ungestümen Barbaren, die in die Curia eindrangen, von dem Triumph der Einnahme Roms, als sie gewahren mussten, dass die Senatoren schweigend und unbeeindruckt einfach sitzen blieben? Es ist bitter, hart gearbeitet und manch steilen Hügel erklommen zu haben, und wenn alles vollbracht ist, feststellen zu müssen, wie gleichgültig die Menschheit dieser Leistung gegenübersteht. Deshalb machen Physiker die Geisteswissenschaftler schlecht, Finanziers begegnen denen, die wenig von Aktien verstehen, mit nur oberflächlicher Duldsamkeit, Literaten verachten die Unbelesenen, und Menschen jeglicher Beschäftigung tun sich zusammen, die zu verunglimpfen, die keine haben.

Dies ist zwar eine der Schwierigkeiten des Themas, aber nicht die größte. Man kann zwar nicht ins Gefängnis geworfen werden, weil man sich gegen den Fleiß ausspricht, riskiert aber, geächtet zu werden, wenn man redet wie ein Narr. Die größte Schwierigkeit besteht bei den meisten Themen darin, sie gut abzuhandeln; bedenken Sie also bitte, dass dies eine Apologie ist. Gewiss lässt sich viel Verständiges zugunsten des Eifers anführen; aber es gibt auch etwas dagegen zu sagen, und das will ich bei dieser Gelegenheit tun. Ein Argument vorzubringen heißt nicht, allen anderen gegenüber taub zu sein, und dass jemand einen Reisebericht über Montenegro geschrieben hat, muss nicht bedeuten, dass er noch nie in Richmond war.

Es steht wohl außer Streit, dass man in seiner Jugend reichlich müßiggehen sollte. Denn auch wenn hier und da ein Lord Macaulay die Schule mit Auszeichnung abschließt und gleichwohl noch seine fünf Sinne beisammen hat, müssen die meisten Jungen ihre Medaillen so teuer bezahlen, dass sie mit leeren Taschen in die Welt hinausgehen und nie wieder auf einen grünen Zweig kommen. Und das bewahrheitet sich gleichermaßen, wann immer ein junger Bursche für sich allein studiert oder erduldet, dass andere ihn etwas lehren. Es muss ein recht törichter alter Herr gewesen sein, der Johnson in Oxford mit diesen Worten ansprach: »Junger Mann, jetzt ist die Zeit, sich beflissen in Ihr Buch zu vertiefen und einen Vorrat an Wissen anzuhäufen, denn wenn Sie in die Jahre kommen, werden Sie feststellen, dass über Büchern zu hocken nur noch eine Last ist.« Dem alten Herrn scheint entgangen zu sein, dass außer dem Lesen noch viele andere Dinge zur Qual und nicht wenige gar unmöglich werden, wenn man erst einmal eine Brille braucht und ohne Stock nicht mehr gehen kann. Bücher sind auf ihre Art nicht zu verachten, aber sie sind ein arg blutleerer Ersatz für das Leben. Es ist ein Jammer, wie die Lady von Shalott vor einem Spiegel zu sitzen und hineinzustarren, während man all dem Treiben und Glanz der Wirklichkeit den Rücken zukehrt. Und wenn jemand sehr viel liest, bleibt ihm, wie uns die alte Anekdote gemahnt, nur wenig Zeit zum Denken.

Wenn Sie auf Ihre eigene Erziehung zurückblicken, bin ich mir sicher, dass es nicht die reichhaltigen, munteren und lehrreichen Stunden des Schwänzens sind, die Sie bereuen; lieber hätten Sie so manche glanzlose, zwischen Schlafen und Wachen verbrachte Schulstunde ausfallen lassen. Ich selbst habe zu meiner Zeit eine ganze Reihe von Vorlesungen besucht. Ich weiß noch heute, dass ein sich drehender Kreisel ein Beispiel kinetischer Stabilität ist. Ich weiß noch heute, dass die Emphyteuse keine Krankheit ist und ein Servitut keine Diener ausbildet. Obwohl ich mich von solchen Wissenschaftsschnipseln ungern trennen würde, messe ich ihnen aber nicht den gleichen Wert bei wie bestimmtem anderen Krimskrams, den ich auf offener Straße aufgeschnappt habe, während ich schwänzte. Dies ist nicht der Moment, sich über jene unermessliche Stätte der Bildung auszulassen, die für Dickens und Balzac die bevorzugte Schule war und Jahr um Jahr ungezählte und ungerühmte Meister in der Wissenschaft von den Facetten des Lebens hervorbringt. Nur so viel dazu: Wenn ein junger Bursche auf der Straße nichts lernt, dann nur, weil er des Lernens nicht fähig ist. Auch treibt der Schulschwänzer sich nicht nur in den Straßen herum, denn wenn er das vorzieht, kann er durch die Gärten der Vororte ins freie Gelände hinausgehen. Er mag sich einen Fliederbusch an einem Bach aussuchen und zum Murmeln des Wassers zahllose Pfeifen rauchen. Vielleicht singt ein Vogel im Gesträuch. Und dort mag er in eine Laune heiteren Sinnierens verfallen und die Dinge aus einer neuen Perspektive wahrnehmen. Wenn das keine Bildung ist, was dann? Wir können uns ausmalen, wie Herr Weltklug solch einen Burschen anspricht und welches Zwiegespräch sich daraus entspinnt: –

»Was soll mir das, junger Mann, was treibet er hier?«

»Wahrlich, Sir, ich lasse es mir gutgehen.«

»Ist dies denn nicht die Stunde des Unterrichts? Und sollte er sich nicht voller Fleiß seinem Buche widmen, auf dass er sich Kenntnis erwerbe?«

»Nein, denn auch so trachte ich, Bildung zu erlangen, mit Verlaub.«

»Bildung, sagt er? Und welcher Art, so die Frage gestattet ist? Ist es Mathematik?«

»Nein, gewiss nicht.«

»Ist es Metaphysik?«

»Auch das nicht.«

»Ist es eine Sprache?«

»Nein, eine Sprache ist es nicht.«

»So ist es ein Handwerk?«

»Ein solches ist es auch nicht.«

»Nun, was ist es dann?«

»Fürwahr, Sir, da es bald an der Zeit sein mag, mich auf Pilgerfahrt zu begeben, drängt es mich zu erfahren, wie Menschen in meiner Lage sich gemeinhin verhalten und wo auf dem Wege Sumpf und Dickicht am ärgsten sind; wohl auch, welche Art Stecken mir den besten Dienst erweisen möchte. Überdies liege ich hier an diesem Gewässer, um mich mit dem Grunde meines Herzens in eine Lektion zu vertiefen, die mein Herr und Gebieter mich Friede oder Zufriedenheit zu nennen lehrt.«

Hierauf ward Herr Weltklug von starker Erregung ergriffen, schwang mit drohender Miene seinen Stock und brach los wie nun folgt: »Bildung nennt er das?«, rief er. »Solche Spitzbuben sollte man sämtlich vom Henker auspeitschen lassen!«

Und so würde er seines Weges gehen und dabei sein vor Stärke knisterndes Halstuch breit zupfen wie ein Truthahn, der seine Federn spreizt.

Nun, diese Sicht des Herrn Weltklug ist die allgemeine

Meinung. Eine Tatsache wird nicht Tatsache geheißen, sondern Gefasel, wenn sie nicht unter eine der akademischen Kategorien fällt. Eine Untersuchung muss einer anerkannten Methode folgen, für die es auch einen Namen gibt; denn andernfalls untersucht man gar nicht, sondern faulenzt herum, und das Arbeitshaus wäre für so einen noch zu gut. Es gilt als ausgemacht, dass alles Wissen auf dem Grunde eines Brunnens ruht oder am fernen Ende eines Teleskops zu finden ist. Sainte-Beuve ging mit zunehmendem Alter dazu über, alle Erfahrung als ein einziges großes Buch anzusehen, in dem wir ein paar Jahre lesen, ehe wir dahinscheiden, und für ihn war es ein und dasselbe, ob man sich das Kapitel xx über die Differenzialrechnung vornimmt oder das Kapitel xxxix, in dem es darum geht, der Kapelle im Park zuzuhören. In der Tat wird ein verständiger Mensch, der die Augen offen hält, die Ohren nicht verschließt und stets ein Lächeln auf den Lippen hat, mehr wirkliche Bildung erwerben als manch ein anderer in lebenslang heroisch durchwachten Nächten. Sicherlich ist noch manch frostige und trockene Erkenntnis auf den Gipfeln formaler und mühevoller Wissenschaft zu finden, aber um Sie herum ist alles zur Genüge vorhanden, so dass Sie nur hinzuschauen brauchen, um sich die warmen und pulsierenden Dinge des Lebens anzueignen. Während sich andere das Gedächtnis mit unnützen Wörtern zustopfen, von denen sie die Hälfte wieder vergessen haben werden, bevor die Woche zu Ende geht, mag unser Schulschwänzer manch wirklich brauchbare Kunst erlernen: die Fiedel zu spielen, eine gute Zigarre zu schätzen oder gewandt und zur rechten Zeit mit allen möglichen Menschen zu sprechen.

Viele, die »ihr Buch mit Eifer studiert« haben und in dem einen oder anderen anerkannten Fachgebiet alles wissen, kommen mit einem altbackenen und eulengleichen Gebaren aus ihrer Studierstube und erweisen sich bei allen besseren und heitereren Gelegenheiten des Lebens als trocken, hölzern und unleidlich. Viele häufen ein großes Vermögen an und bleiben doch ungehobelt und erbärmlich dumm bis an ihr Ende. Und dort sehen wir derweil den Müßiggänger, der mit ihnen gemeinsam sein Leben begann – ein völlig anderes Bild, mit Verlaub. Er hatte Zeit, sich um seine Gesundheit und seine Gemütsverfassung zu kümmern, er war lange Zeit an der frischen Luft, was für den Körper wie auch den Geist das Heilsamste ist, und wenn er sich auch nie in sehr dunklen Stuben über das Große Buch hergemacht hat, so hat er doch hineingeschaut und zu vorzüglichem Nutzen darin geblättert. Sollte nicht der Student einige hebräische Stammsilben oder der Geschäftsmann die eine oder andere halbe Krone opfern, um Anteil zu haben an dem Wissen des Müßiggängers über das Leben im Allgemeinen und die Lebenskunst im Besonderen? Mehr noch, denn der Müßige hat einen weiteren und wichtigeren Vorzug als diesen. Ich meine seine Weisheit. Wer das kindische Vergnügen anderer an ihrem jeweiligen Steckenpferd beobachtet hat, wird sein eigenes nur mit sehr ironischer Nachsicht betrachten. Unter den Dogmatikern wird seine Stimme nicht zu hören sein. Er wird ein weites und gelassenes Verständnis für alle Arten von Menschen und Meinungen haben. Mag er auch keine entlegenen Wahrheiten entdecken – eine eklatant irrige Ansicht wird er sich jedenfalls nicht zu eigen machen. Sein Weg führt ihn über eine nicht sehr befahrene, aber ebene und angenehme Nebenstraße, welche Binsenweisheitsweg heißt und zum Belvedere des Gesunden Menschenverstands führt. Von dort aus bietet sich ihm ein erbaulicher, wenn auch nicht sehr vornehmer Anblick, und während andere nach dem Osten und dem Westen, dem Teufel und dem Sonnenaufgang Ausschau halten, wird er zufrieden einer Art Morgenstunde über allen irdischen Dingen gewahr, mit einem Heer von Schatten, das rasch und aus vielen Richtungen dem hellen Tageslicht der Ewigkeit entgegenstrebt. Die Schatten und die Generationen, die schrillen Doktoren und die Kriege mit ihrem Jammergeschrei ziehen vorbei in endgültige Stille und Leere, aber hinter all dem kann man von den Fenstern des Belvedere aus grüne und friedliche Landschaften erkennen, zahlreiche erleuchtete Wohnstuben, rechtschaffene Leute, die lachen, trinken und sich der Liebe hingeben, wie sie es schon vor der Sintflut oder der Französischen Revolution getan haben, und den alten Hirten, der unter dem Weißdornbusch seine Geschichten erzählt.

Maßlose Betriebsamkeit, ob in der Schule oder im Kolleg, in der Kirche oder auf dem Markt, ist ein Zeichen mangelnder Vitalität, während ein Talent zum Müßiggang einen grenzenlosen Appetit und ein starkes Selbstgefühl verrät. Überall trifft man auf eine Art scheintoter und abgestumpfter Menschen, die sich ihres Lebens fast nur noch bewusst sind, soweit sie einer herkömmlichen Beschäftigung nachgehen. Man verfrachte diese Leute aufs Land oder an Bord eines Schiffes, und Sie werden sehen, wie sie sich nach dem Schreibtisch in ihrem Arbeitszimmer sehnen. Sie verspüren keine Neugier, können sich nicht auf zufällige Herausforderungen einlassen und haben keine Freude daran, ihre Fähigkeiten um ihrer selbst willen einzusetzen. Wenn die Notwendigkeit sie nicht antreibt, rühren sie sich nicht von der Stelle. Es ist nutzlos, mit solchen Leuten zu reden: Sie können nicht müßig sein, dafür ist ihr Naturell nicht großzügig genug, und die Stunden, in denen sie nicht verbissen in der Goldmühle rackern, verbringen sie in einer Art Koma. Wenn sie nicht ins Büro gehen müssen, wenn sie nicht hungrig sind oder dürsten, ist die ganze atmende Welt für sie nicht existent. Sobald sie eine Stunde oder länger auf den Zug warten müssen, fallen sie mit offenen Augen in eine stumpfsinnige Trance. Bei ihrem Anblick möchte man meinen, es gebe nichts anzuschauen und niemanden, mit dem man reden könnte; man hat den Eindruck, sie seien gelähmt oder geistesabwesend, und dennoch mögen sie auf ihre Art durchaus harte Arbeit gewohnt sein und einen scharfen Blick für einen Formfehler in einem Vertrag oder für einen Umschwung am Markt haben. Sie sind zur Schule und ins College gegangen, hatten aber die ganze Zeit nur die Medaille vor Augen; sie sind viel in der Welt herumgekommen und klugen Leuten begegnet, hatten aber stets nur ihre eigenen Angelegenheiten im Kopf. Als ob des Menschen Seele nicht ohnehin zu klein wäre, haben sie die ihre durch ein Leben voller Arbeit und ohne Spiel eingeengt und verkümmern lassen, bis sie nun mit vierzig teilnahmslos dasitzen, mit nichts, das ihrem Geist Vergnügen bereiten könnte, und keinem einzigen Gedanken, der es wert wäre, sich an einem anderen zu reiben, während sie auf den Zug warten. Bevor er Kniehosen bekam, mag er auf den Kisten herumgeklettert sein, mit zwanzig wird er die Mädchen angegafft haben; aber nun ist die Pfeife ausgeraucht, die Schnupftabaksdose leer, und unser Herr sitzt kerzengerade auf einer Bank, mit jämmerlichem Blick. Das würde ich nicht als Erfolg im Leben bezeichnen wollen.

Aber nicht nur er selbst leidet unter seinen geschäftigen Gewohnheiten, sondern auch seine Frau und die Kinder, seine Freunde und Verwandten, bis hin zu den Leuten, mit denen er im Eisenbahnabteil oder Omnibus sitzt. Unablässige Hingabe an das, was jemand seinen Beruf nennt, lässt sich nur durch ständige Vernachlässigung vieler anderer Dinge aufrechterhalten. Und es steht keineswegs fest, dass der Beruf eines Menschen das Wichtigste ist, das er zu tun hat. Bei unvoreingenommener Einschätzung dürfte auf der Hand liegen, dass viele der weisesten, tugendhaftesten und wohltätigsten Rollen, die das Theater des Lebens zu vergeben hat, von unentgeltlich auftretenden Darstellern gespielt werden und im Allgemeinen als Phasen des Müßiggangs gelten. Denn in diesem Theater sind es nicht nur die über die Bühne schreitenden Herren, die singenden Zimmermädchen und die eifrigen Geiger im Orchester, die eine Rolle spielen und einen wichtigen Beitrag zum Gesamtergebnis leisten, sondern auch diejenigen, die von den Rängen aus zusehen und Beifall klatschen. Gewiss sind Sie in hohem Maße von der Umsicht Ihres Anwalts und Ihres Börsenmaklers abhängig, desgleichen von den Wachposten und Bahnwärtern, die Sie rasch von einem Ort zum anderen gelangen lassen, und von den Polizisten, die zu Ihrer Sicherheit durch die Straßen gehen, aber verspüren Sie in Ihrem Herzen keinen Anflug von Dankbarkeit für bestimmte andere Wohltäter, die Sie lächeln lassen, wenn sie Ihren Weg kreuzen oder Ihr Mahl mit angenehmer Gesellschaft würzen? Colonel Newcome trug dazu bei, das Geld seines Freundes zu verlieren, Fred Bayham hatte die üble Gewohnheit, Hemden auszuborgen, und doch war es besser, sich mit ihnen abzugeben als mit Mr. Barnes. Und obwohl Falstaff weder nüchtern noch ehrlich war, könnte ich wahrscheinlich den einen oder anderen langgesichtigen Barrabas nennen, den die Welt eher hätte entbehren können. Hazlitt erwähnt, dass er sich Northcote gegenüber, der ihm nie einen nennenswerten Dienst erwiesen hatte, mehr verpflichtet fühlte als seinem ganzen Kreis großspuriger Freunde, denn ihm galt ein guter Weggefährte mit Abstand als der größte Wohltäter. Ich weiß, dass es auf der Welt Leute gibt, die Dankbarkeit nur empfinden können, wenn ihnen ein Gefallen um den Preis von Mühsal und Widrigkeiten erwiesen wurde. Aber das ist ein ungehobelter Charakterzug. Jemand mag Ihnen einen sechs Bogen langen Brief voller höchst unterhaltsamer Plaudereien schicken, oder Sie verbringen eine angenehme, vielleicht nützliche halbe Stunde mit der Lektüre eines Artikels, den er geschrieben hat; meinen Sie, der Dienst wäre größer, wenn er das Manuskript mit seinem Herzblut geschrieben hätte wie einen Pakt mit dem Teufel? Bilden Sie sich wirklich ein, Sie müssten Ihrem Briefpartner zu größerem Dank verbunden sein, wenn er Sie die ganze Zeit dieser Zumutung wegen verflucht hätte? Freuden sind wohltätiger als Pflichten, denn wie die Art der Gnade wissen sie von keinem Zwang und sind zwiefach gesegnet. Zu einem Kuss braucht es immer zwei, und ein Scherz kann verübelt werden, aber sobald eine Gefälligkeit etwas von einem Opfer an sich hat, wird sie unter Schmerzen erbracht und von großherzigen Menschen mit gemischten Gefühlen empfangen. Es gibt keine Pflicht, die wir so sehr unterschätzen wie die, glücklich zu sein. Indem wir glücklich sind, säen wir anonyme Wohltaten in der Welt aus, von denen selbst wir nichts wissen oder die, wenn sie offenbar werden, niemanden so sehr überraschen wie den Wohltäter selbst. Neulich rannte ein zerlumpter Knabe mit so fröhlicher Miene barfuß die Straße hinunter einer Murmel nach, dass er jeden, an dem er vorbeilief, in gute Laune versetzte; einer von ihnen, den dies von ungewöhnlich schwarzen Gedanken befreite, hielt den kleinen Burschen an und gab ihm etwas Geld mit der Bemerkung: »Da siehst du, was es zuweilen einbringt, vergnügt auszusehen.« Hatte der Junge schon zuvor vergnügt ausgesehen, musste er nun sowohl vergnügt als auch verdutzt dreingeschaut haben. Ich für meinen Teil kann es nur befürworten, eher lächelnde Kinder zu ermutigen als weinende, denn für Tränen möchte ich nirgends sonst als auf der Bühne bezahlen, aber in die gegenteilige Ware bin ich eine Menge zu investieren bereit. Ein glücklicher Mann oder eine glückliche Frau ist ein besserer Fund als eine Fünfpfundnote. Solche Menschen strahlen Wohlwollen aus, und wenn sie einen Raum betreten, ist es, als wäre eine weitere Kerze angezündet worden. Uns kann es schnurz sein, ob sie den Satz des Pythagoras beweisen könnten; sie leisten etwas weit Besseres, indem sie den praktischen Beweis für den großen Lehrsatz erbringen, das Leben sei lebenswert. Wenn folglich jemand nicht glücklich sein kann, ohne müßig zu bleiben, dann bleibe er müßig. Das ist ein revolutionäres Prinzip, das jedoch dank Hunger und Arbeitshaus nicht leicht missbraucht werden kann und innerhalb praktischer Grenzen eine der am wenigsten zu bestreitenden Wahrheiten im gesamten Kodex der Moral darstellt. Ich bitte Sie inständig, einen kurzen Blick auf einen Ihrer fleißigen Zeitgenossen zu werfen. Er sät Hast und erntet Magenverstimmungen, er investiert jede Menge Betriebsamkeit zugunsten der Rendite und handelt sich im Gegenzug eine Unzahl nervöser Beschwerden ein. Entweder zieht er sich ganz von jeglicher Gesellschaft zurück und lebt wie ein Einsiedler in seiner Klause, mit Filzpantoffeln und einem bleiernen Tintenfass, oder er geht hastig und verbittert unter die Leute, um an ihnen die eine oder andere üble Laune seines völlig verkrampften Nervensystems auszulassen, ehe er wieder zu seiner Arbeit zurückkehrt. Es ist mir gleich, wie viel oder wie gut er arbeitet; dieser Kerl ist eine Strafe Gottes für das Leben anderer. Sie wären glücklicher, wenn er tot wäre. Es fiele ihnen leichter, auf seine Dienste im Amt für Umschweife zu verzichten als seine mürrischen Launen zu ertragen. Er vergiftet das Leben an der Quelle. Es ist besser, von einem nichtsnutzigen Neffen in den Ruin getrieben zu werden, als Tag für Tag die Schikanen eines grantigen Onkels ertragen zu müssen.

Und wozu, in Gottes Namen, soll all dieses Gewese gut sein? Zu welchem Zweck vergällen sie sich und anderen das Leben? Ob jemand drei Artikel jährlich veröffentlicht oder dreißig, ob er sein großes allegorisches Gemälde vollendet oder nicht, das interessiert die Welt nicht sonderlich. Die vordersten Reihen des Lebens sind voll, und auch wenn Tausende fallen, sind immer welche da, die in die Bresche springen. Als man der Jungfrau von Orléans sagte, sie solle zu Hause bleiben und sich um Frauenarbeit kümmern, antwortete sie, zum Spinnen und Waschen seien mehr als genug da. Nichts anderes gilt für Ihre seltenen Gaben! Wenn die Natur so »sorglos preisgibt manches Einzelleben«, warum sollten wir uns dann zu der Illusion versteigen, dass unser eigenes außerordentlich wichtig sei? Nehmen Sie einmal an, Shakespeare hätte in einer finsteren Nacht auf dem Besitztum von Sir Thomas Lucy einen Schlag auf den Schädel bekommen – die Welt wäre recht oder schlecht weiter um ihre Achse getaumelt, der Krug weiter zum Brunnen gegangen, die Sense durchs Korn und der Student zu seinem Buch, und niemand hätte etwas von dem Verlust bemerkt. Wenn man die Alternative von allen Seiten betrachtet, gibt es nicht viele überlieferte Werke, die einem Menschen mit beschränkten Mitteln den Preis von einem Pfund Tabak wert wären. Das ist eine ernüchternde Vorstellung für die stolzesten unserer irdischen Eitelkeiten. Selbst ein Tabakwarenhändler mag, wenn er es recht bedenkt, darin keinen triftigen Grund für persönlichen Dünkel finden, denn Tabak ist zwar ein bewundernswertes Beruhigungsmittel, aber die zu seinem Verkauf erforderlichen Fähigkeiten sind als solche weder selten noch einzigartig. Ach und nochmals ach – Sie können es wenden, wie Sie wollen, aber keines einzigen Menschen Dienste sind unentbehrlich. Auch Atlas war nur ein Herr, der einen besonders langen Albtraum hatte! Und dennoch sieht man Kaufleute, die mit harter Arbeit zu großem Vermögen gelangen und von dort zum Konkursgericht, Schreiberlinge, die sich einen kleinen Artikel nach dem anderen abringen, bis ihr Missmut allen, denen sie begegnen, zur Plage wird, als ob der Pharao die

Israeliten geheißen hätte, statt einer Pyramide eine Stecknadel zu errichten, und hervorragende junge Männer, die sich zu Tode arbeiten und auf einem mit weißen Federn geschmückten Leichenwagen davongefahren werden. Haben Sie nicht auch die Vermutung, dass der Meister aller Zeremonien ihnen einst die Verheißung eines bedeutsamen Schicksals eingeflüstert hatte? Und dass diese lauwarme Kugel, auf der sie ihre Possen zum Besten geben, der Nabel und Mittelpunkt des gesamten Universums sei? Aber dem ist nicht so. Die Ideale, für die sie ihre unbezahlbare Jugend opferten, so weit ihnen das überhaupt bewusst war, sind möglicherweise illusorisch oder gar abträglich, der Ruhm und der Reichtum, den sie erhofften, hätten sich vielleicht niemals eingestellt oder wären ihnen gleichgültig gewesen, und sie und die Welt, in der sie lebten, sind so unbedeutend, dass einem bei diesem Gedanken der Verstand gefriert.

LAURA DE WECK
Psycho

MARTIN

PSYCHOLOGE

Martin (43) sitzt bei einem Psychologen.

PSYCHOLOGE Was führt Sie zu mir?

MARTIN Ja, also angefangen hat es vor circa drei Monaten. Da hatte ich manchmal so komische Schmerzen im Bauch. Und als ich zum Doktor gegangen bin, hat er verschiedene Untersuchungen gemacht und in den Darm reingeschaut, aber er sagte, er könne nichts finden. Und als ich das meiner Frau erzählte, da sagte sie, sie nehme an, die Bauchschmerzen seien einfach psychologisch.

PSYCHOLOGE M-m.

MARTIN Aber weil ich psychologisch so gar nichts gespürt habe, bin ich zu einem anderen Doktor gegangen und der zweite Doktor hat dann ein ganz kleines Geschwür gefunden. Und als ich ihn gefragt habe, wie denn das Geschwür in meinen Bauch gekommen sei, hat er gesagt, er nehme an, das sei wahrscheinlich psychologisch. Und er sagte auch, dass es ganz gut wäre, wenn ich etwas für meine Entspannung tun würde.

PSYCHOLOGE M-m.

MARTIN Und dann hab ich am selben Abend bei meiner Tochter geklopft. Und als ich sie gefragt habe, ob sie mir ein wenig von ihrem Gras leihen könne, da hat sie mich mitleidig angeschaut und hat mir gesagt – und das hat mich bei ihren zarten 16 Jahren doch sehr erstaunt –, sie würde mir schon etwas abgeben, aber nur heute, weil, wenn man in meinem Alter Lust auf einen Joint hätte, dann sei das wahrscheinlich nur psychologisch.

PSYCHOLOGE M-m.

MARTIN Aber das Marihuana ist mir nicht gut bekommen, und als ich am nächsten Tag viel zu spät zur Arbeit kam, hat meine Sekretärin mich gefragt, warum es denn heut so spät geworden und warum ich dauernd zum Doktor müsse und ob es vielleicht etwas Psychologisches wäre? Da wurde ich ganz wütend und hab ihr gesagt, dass sie sich doch um ihren eigenen Seich kümmern solle.

PSYCHOLOGE M-m.

MARTIN Und als ich dann über Mittag in der Kantine gegessen hab, hab ich am anderen Tisch meine dumme Sekretärin mit einem noch dümmeren Kollegen reden sehen, und die haben mich von Weitem immer so beäugt und die ganze Zeit geflüstert: psychologisch, psychologisch, psychologisch.

PSYCHOLOGE M-m.

MARTIN Und als ich meine Nüdeli nicht aufessen mochte, da meinte mein Chef, der neben mir saß, dass ich doch sonst immer Appetit hätte. Und ich erklärte ihm, dass ich reichlich gefrühstückt hätte, aber ich weiß schon, was das Arschloch sich heimlich dachte: Nämlich, dass ich psychologisch keinen Hunger hätte.

PSYCHOLOGE M-m.

MARTIN Und seitdem hört es nicht mehr auf: Wenn ich meine alte Mutter anrufe, ist das psychologisch. Wenn ich keine Lust habe auszugehen, wenn ich Schoggi esse, wenn ich gut aussehe, wenn ich mich verspreche oder unsere Küche ausbaue – ist alles psychologisch. Und jetzt bin ich schon so durcheinander, dass ich mich gar nicht mehr traue, auch nur irgendetwas zu machen, und befürchte, dass, wenn ich eines Tages sterbe, alle sagen werden, dass es nur psychologisch war.

PSYCHOLOGE M-m, M-m, M-m, M-m.

MARTIN Können Sie ein Muster erkennen?

Pause

PSYCHOLOGE Vielleicht kann ich Ihnen das so erklären: Es gibt ja einige Dinge, die in unserem Leben passieren, aber wir wissen nicht warum. Ihr Geschwür zum Beispiel.

MARTIN M-m?

PSYCHOLOGE Früher haben die Menschen diese ungeklärten Dinge mit ihrem Glauben an Gott beantwortet. Gott konnte ihnen erklären, warum sie krank oder unglücklich sind oder ihre Küche umbauen müssen. Und der Glaube konnte auch die Schmerzen lindern. Aber heute rennen die Leute eben nicht mehr in die Kirche, sondern zu mir. Sie denken, dass ich all ihre Fragen beantworten und dass ich ihnen ihre Schmerzen nehmen kann. Und selbst wenn ich ab und zu jemandem helfe, so stehe ich oft – genauso wie Sie – total ratlos vor diesem Phänomen, dass die Menschen auf die unmöglichsten Fragen eine Antwort brauchen.

MARTIN Aber warum brauchen die Menschen das?

PSYCHOLOGE Das ist rein psychologisch.

BERNHARD SCHLINK

Der letzte Sommer

I

Er erinnerte sich an sein erstes Semester als Professor in New York. Wie hatte er sich gefreut: als die Einladung kam, als er das Visum im Pass hatte, als er in Frankfurt ins Flugzeug stieg und in JFK mit dem Gepäck in die Wärme des Abends trat und eine Taxe in die Stadt nahm. Auch den Flug hatte er genossen, obwohl die Reihen eng und die Sitze schmal waren; als sie über den Atlantik flogen, sah er in der Ferne ein anderes Flugzeug, und ihm war, als sitze er auf dem Deck eines Schiffs, dem auf dem weiten Meer ein anderes Schiff begegnet.

Er war schon oft in New York gewesen, als Tourist, zu Besuch bei Freunden, als Gast auf Konferenzen. Jetzt lebte er im Rhythmus der Stadt. Er gehörte dazu. Er hatte eine eigene Wohnung, wie alle; sie war zentral gelegen und nicht weit vom Park und vom Fluss. Wie alle nahm er morgens die U-Bahn, zog die Fahrkarte durch den Schlitz, ging durchs Drehkreuz und über die Treppe auf den Bahnsteig, drängte sich in einen Wagen, konnte sich nicht rühren und die Zeitung nicht umblättern und drängte sich nach zwanzig Minuten aus dem Wagen. Am Abend fand er in der

U-Bahn einen Sitzplatz, las die Zeitung zu Ende und erledigte in der Nachbarschaft seiner Wohnung Besorgungen. Er konnte zu Fuß ins Kino und in die Oper gehen.

Dass er in der Universität nicht ganz dazugehörte, störte ihn nicht. Die Kollegen hatten mit ihm nicht zu besprechen, was sie untereinander zu besprechen hatten, und die Studenten nahmen ihn, dem sie nur ein Semester lang begegneten, nicht so ernst wie die Professoren, mit denen sie Jahr um Jahr zu tun hatten. Aber die Kollegen waren freundlich und die Studenten aufmerksam, sein Unterricht war ein Erfolg, und aus dem Fenster seines Büros hatte er den Blick auf eine gotische Kirche aus rotem Sandstein.

Ja, er hatte sich gefreut, schon vor dem Aufbruch und auch noch nach der Rückkehr. Aber eigentlich war er dort unglücklich. Sein erstes Semester in New York war das erste Semester, in dem er an seiner deutschen Universität nicht unterrichten musste – er hätte gerne diese Freiheit genossen, statt wieder zu unterrichten. Seine Wohnung in New York war düster, und im Hof lärmte die Klimaanlage so laut, dass er sich Stöpsel in die Ohren stecken musste, um schlafen zu können. An vielen Abenden, an denen er alleine in billigen Restaurants aß oder schlechte Filme sah, fühlte er sich einsam. In seinem Büro blies die Klimaanlage trockene Luft in sein Gesicht, bis seine Nebenhöhlen eiterten und er sich operieren lassen musste. Die Operation war furchtbar, und als er aus der Narkose aufwachte, fand er sich nicht in einem Krankenbett, sondern auf einem Liegestuhl in einem Raum mit anderen Patienten in Liegestühlen und wurde wenig später mit schmerzendem Kopf und blutender Nase nach Hause entlassen.

Er hatte sich das Unglück nicht eingestanden. Er wollte glücklich sein. Er wollte glücklich sein, weil er es aus der kleinen deutschen Universitätsstadt ins große New York geschafft hatte und dort dazugehörte. Er wollte glücklich sein, weil er sich dieses Glück so sehr gewünscht hatte und es jetzt da war – oder doch alles, was er sich als dessen Zutaten immer vorgestellt hatte. Manchmal ließ sich leise eine innere Stimme vernehmen, die Zweifel am Glück anmeldete. Aber er brachte sie zum Verstummen. Schon als Kind, Schüler und Student litt er, wenn er zu einer Reise aufbrach und seine Welt und seine Freunde verlassen musste. Was hätte er versäumt, wenn er damals immer zu Hause geblieben wäre! Also sagte er sich in New York, es sei eben sein Schicksal, Zweifel überwinden zu müssen, um das Glück da zu finden, wo es zunächst nicht zu sein schien.

2

Auch in diesem Sommer kam wieder eine Einladung nach New York. Er nahm den Umschlag aus dem Briefkasten und öffnete ihn auf dem Weg zu der Bank, auf der er morgens seine Post las. Die New Yorker Universität, der er jetzt seit fünfundzwanzig Jahren verbunden war, lud ihn zur Veranstaltung eines Seminars im nächsten Frühling ein.

Die Bank stand am See, auf dem Teil des Grundstücks, der durch eine kleine Straße vom Rest des Grundstücks und dem Haus getrennt war. Als sie das Haus gekauft hatten, hatten seine Frau und die Kinder die Straße als störend empfunden. Sie hatten sich daran gewöhnt. Er hatte von Anfang an gemocht, dass da ein eigenes kleines Reich war, zu dem er eine Tür auf- und zumachen konnte. Als er erbte, ließ er das alte Bootshaus herrichten und den Dachstuhl ausbauen. In vielen Sommern hatte er dort gearbeitet. Aber in diesem Sommer saß er lieber auf der Bank. Sie war sein Versteck, vom Bootshaus und -steg, wo sich die Enkel gerne tummelten, nicht zu sehen. Wenn sie weit hinausschwammen, sahen sie ihn und sah er sie, und sie winkten einander.

Er würde im nächsten Frühling nicht in New York lehren. Er würde nie mehr in New York lehren. Sein Leben in New York, über die Jahre ein so selbstverständlicher Bestandteil seines Lebens geworden, dass er sich schon lange nicht mehr fragte, ob er dort glücklich oder unglücklich sei, war vorbei. Weil es vorbei war, gingen seine Gedanken zum ersten Semester dort zurück.

Sich einzugestehen, dass er damals in New York unglücklich war, wäre nicht schlimm, wenn es nicht zum nächsten Eingeständnis führte. Als er aus New York zurückkam, lernte er bei einem Unfall eine Frau kennen; sie stießen mit den Fahrrädern zusammen, als sie beide fuhren, wie sie nicht hätten fahren dürfen – er fand es eine hübsche Art, einander kennenzulernen. Zwei Jahre lang trafen sie sich, gingen in die Oper und ins Theater und zum Essen, ein paarmal verreisten sie für ein paar Tage, und immer wieder verbrachte sie die Nacht bei ihm oder er bei ihr. Er fand sie hinreichend schön und hinreichend klug, fasste sie gerne an und ließ sich gerne von ihr anfassen und dachte, er sei endlich angekommen. Aber als sie wegen ihres Berufs wegzog, wurde die Beziehung rasch mühsam und erlosch. Erst jetzt gestand er sich ein, dass er erleichtert war. Dass er schon die beiden Jahre mühsam gefunden hatte. Dass er oft glücklicher gewesen wäre, wenn er zu Hause geblieben und gelesen und Musik gehört hätte, statt sie zu treffen. Er hatte sie getroffen, weil er wieder dachte, alle Zutaten des Glücks seien da und er müsse glücklich sein.

Wie war das mit den anderen Frauen in seinem Leben? Mit seiner ersten Liebe? Er war glücklich, als Barbara, das schönste Mädchen in der Klasse, mit ihm ins Kino ging, sich von ihm auf ein Eis einladen, nach Hause bringen und unter der Tür küssen ließ. Er war fünfzehn, es war sein erster Kuss. Ein paar Jahre später nahm Helena ihn mit ins Bett, und es klappte schon beim ersten Mal, er kam nicht zu früh, und sie kam auch, und bis zum Morgen gab er ihr, was ein Mann einer Frau geben kann, er, der Neunzehnjährige, der Zweiunddreißigjährigen. Sie blieben zusammen, bis sie mit fünfunddreißig einen Rechtsanwalt in London heiratete, mit dem sie, wie er schließlich erfuhr, seit Jahren verlobt war. Er machte damals Examen, ein besseres Examen, als er erwartet hatte, wurde Assistent, schrieb Aufsätze und Bücher und wurde Professor. Er war glücklich – oder wollte er wieder nur glücklich sein? Dachte er wieder, er müsse glücklich sein, weil alles stimmte? War das Glück, das er empfand, wieder nur das Zutaten-Glück? Er hatte sich manchmal gefragt, ob das Leben nicht anderswo sei, und die Frage verdrängt. Wie er verdrängt hatte, dass es Eitelkeit war, was ihn Barbara umwerben und Helena bedienen ließ, und dass er den Einsatz im Dienst der Eitelkeit oft anstrengend fand.

Er scheute sich, über sein Glück in der Ehe und mit der Familie nachzudenken.

Er wollte sich über den blauen Himmel und den blauen See und das Grün der Wiesen und des Walds freuen. Er liebte die Landschaft nicht wegen der Alpen in der Ferne, sondern wegen des sanften Schwungs, mit dem die nahen Berge sich hoben und der See sich zwischen sie bettete. Draußen saßen ein Mädchen und ein Junge im Boot; er ruderte, und sie ließ die Beine ins Wasser hängen. Die Tropfen, die vom Ruderblatt fielen, glitzerten in der Sonne, und die leichten Wellen, die das Boot und die Füße des Mädchens zogen, liefen weit über die glatte Oberfläche. Die beiden Kinder, es mussten Meike, die älteste Tochter seines Sohns, und David, der älteste Sohn seiner Tochter, sein, redeten nicht. Seit das Postauto vorbeigekommen war, hatte nichts mehr die Stille des Morgens gestört. Seine Frau bereitete im Haus das Frühstück vor; bald würde ein Enkelkind kommen und ihn holen.

Dann dachte er, dass er die Einsicht, wie trügerisch sein Glück gewesen war, nicht negativ, sondern positiv nehmen sollte. Was konnte es für einen, der aus dem Leben gehen will, Besseres geben als diese Einsicht? Er wollte gehen, weil die letzten Monate, die ihm bevorstanden, entsetzlich würden. Nicht dass er keine Schmerzen ertragen konnte. Erst wenn die Schmerzen unerträglich würden, würde er gehen.

Aber ihm gelang nicht, die Einsicht positiv zu nehmen. Die Idee des gemeinsamen Sommers, seines letzten Sommers, war die Idee eines letzten gemeinsamen Glücks. Es hatte nicht viel Überredung gebraucht, dass seine beiden

Kinder mit ihren Familien für vier Wochen ins Haus an den See kamen, aber doch ein bisschen. Er hatte auch seine Frau ein bisschen überreden müssen; sie wäre lieber mit ihm nach Norwegen gefahren, von wo ihre Großmutter stammte und wo sie noch nie gewesen waren. Jetzt hatte er seine Familie beisammen, und auch sein alter Freund würde für ein paar Tage zu Besuch kommen. Er hatte gedacht, er hätte das letzte gemeinsame Glück gut vorbereitet. Jetzt fragte er sich, ob er wieder nur die Zutaten für ein Zutaten-Glück versammelt hatte.

3

»Großvater!« Er hörte eine Kinderstimme und schnelle Kinderfüße, die über die Straße und die Wiese zum See liefen. Es war Matthias, der jüngste Sohn seiner Tochter, der jüngste seiner fünf Enkel, ein stämmiger Fünfjähriger mit blondem Schopf und blauen Augen. »Das Frühstück ist fertig.« Als Matthias das Boot mit seinem Bruder und seiner Cousine sah, rief er sie wieder und wieder und hüpfte auf dem Steg hin und her, bis sie anlegten. »Machen wir ein Wettrennen?« Die Kinder rannten los, und er folgte ihnen langsam. Vor einem Jahr hätte er noch mitgemacht, vor ein paar Jahren noch gewonnen. Aber sie vor sich den Hang hinaufrennen und dann die großen Kinder zurückfallen sehen, weil sie das kleine gewinnen lassen wollten, war schöner als mitmachen. Ja, so hatte er sich den letzten gemeinsamen Sommer vorgestellt.

Er hatte sich auch vorgestellt, wie er gehen würde. Ein

befreundeter Arzt und Kollege hatte ihm den Cocktail besorgt, den die Organisationen der Sterbehilfe ihren Mitgliedern geben. Cocktail – ihm gefiel die Bezeichnung. Er hatte nie Lust auf Cocktails gehabt und nie einen versucht; sein erster würde auch sein letzter sein. Ihm gefiel auch die Bezeichnung »Sterbeengel« für das Mitglied der Organisation, das dem sterbebereiten Mitglied den Cocktail bringt; er würde sein eigener Sterbeengel sein. Ohne jedes Aufheben würde er, wenn es so weit war, beim abendlichen Zusammensein im Wohnzimmer aufstehen, rausgehen, den Cocktail trinken, die Flasche auswaschen und wegräumen und sich im Wohnzimmer wieder dazusetzen. Er würde zuhören, einschlafen und sterben, man würde ihn schlafen lassen und am nächsten Morgen tot finden, und der Arzt würde Herzversagen feststellen. Ein schmerzloser und friedlicher Tod für ihn, ein schmerzloser und friedlicher Abschied für die anderen.

Noch war es nicht so weit. Im Esszimmer war gedeckt. Er hatte zu Beginn des Sommers den Tisch ausgezogen und sich vorgestellt, am Kopf würden er und seine Frau sitzen, neben ihm die Tochter mit Mann, neben seiner Frau der Sohn mit Frau und am Ende die fünf Enkel und Enkelinnen. Aber die anderen gewannen dieser Ordnung nichts ab und setzten sich, wie es sich gerade ergab. Heute war nur noch der Platz zwischen seiner Schwiegertochter und ihrem sechsjährigen Sohn frei, Ferdinand, der sichtbar schmollend von seiner Mutter weggerückt war. »Was ist los?« Aber Ferdinand schüttelte wortlos den Kopf.

Er liebte seine Kinder, Schwiegerkinder und Enkelkinder. Er hatte sie gerne um sich, ihre Geschäftigkeit, ihr Reden und Spielen, sogar ihr Lärmen und Streiten. Am liebsten saß er in der Ecke des Sofas und hing seinen Gedanken nach, unter ihnen und zugleich für sich. Er arbeitete auch gerne in Bibliotheken und Cafés; er konnte sich gut konzentrieren, wenn um ihn herum mit Papier geraschelt, geredet und gelaufen wurde. Manchmal spielte er mit, wenn die anderen Boccia spielten, gesellte sich mit der Flöte dazu, wenn sie musizierten, nahm mit einer Bemerkung an ihrem Gespräch teil. Sie reagierten überrascht, und er war selbst überrascht, wenn er sich mit ihnen beim Spiel, bei der Musik oder im Gespräch fand.

Er liebte auch seine Frau. »Natürlich liebe ich meine Frau«, hätte er gesagt, wenn jemand ihn gefragt hätte. Es war schön, wenn er in der Ecke des Sofas saß und sie sich zu ihm setzte. Noch schöner fand er, sie im Kreis der anderen zu sehen. Unter den Jungen wurde sie jung, als sei sie wieder die Studentin aus dem ersten Semester, die er kennenlernte, als er bereits Examen machte. Sie war ohne Raffinement und ohne Arg, sie hatte nichts von dem, was an Helena begehrenswert und abstoßend war. Ihm war damals, als reinige ihn die Liebe zu ihr von der Erfahrung des Benutzens und Benutzt-Werdens, die von der Beziehung mit Helena geblieben war. Sie heirateten, als auch sie die Ausbildung abgeschlossen hatte und Lehrerin wurde. Die beiden Kinder kamen schnell, und seine Frau ging bald mit halbem Deputat wieder in die Schule. Sie schaffte alles mit leichter Hand: die Kinder, die Schule, die Wohnung in der Stadt und das Haus auf dem Land, gelegentlich ein Semester mit ihm und den Kindern in New York.

Nein, sagte er sich, er musste sich nicht scheuen, über

das Glück seiner Ehe und seiner Familie nachzudenken. Es stimmte. Auch die ersten Tage des gemeinsamen Sommers hatten gestimmt; die Enkelkinder beschäftigten sich miteinander, die Kinder und Schwiegerkinder genossen die Zeit für sich, und seine Frau arbeitete glücklich im Garten. Der vierzehnjährige David war in die dreizehnjährige Meike verliebt – er sah es, die anderen schienen es nicht zu sehen. Das Wetter war schön, Tag um Tag, Kaiserwetter, sagte seine Frau lächelnd, und das Gewitter am zweiten Abend war ein Kaisergewitter; er saß auf der Veranda und war überwältigt vom Schwarz der Wolken, den Blitzen und dem Donner und schließlich dem befreienden Regenguss.

Selbst wenn er wieder nur die Zutaten für ein Zutaten-Glück versammelt hatte, selbst wenn das Glück dieses letzten gemeinsamen Sommers ein Unglück verbarg – was machte es? Er würde es nicht mehr erfahren.

4

Als Nacht war und sie im Bett lagen, fragte er seine Frau: »Warst du mit mir glücklich?«

»Ich bin froh, dass wir hier sind. Wir könnten in Norwegen nicht glücklicher sein.«

»Nein, ich meine, ob du mit mir glücklich warst.«

Sie richtete sich auf und sah ihn an. »Die ganzen Jahre, die wir verheiratet waren?«

»Ja.«

Sie legte sich wieder zurück. »Ich bin schlecht damit

zurechtgekommen, dass du so viel weg warst. Dass ich oft alleine war. Dass ich die Kinder alleine aufziehen musste. Als Dagmar mit fünfzehn ausgerissen ist und ein halbes Jahr wegblieb, warst du zwar da, hast dich aber in deine Verzweiflung verkrochen und mich alleingelassen. Als Helmut … Aber was rede ich? Du weißt selbst, wann es mir besser und wann schlechter ging. Ich weiß es doch auch über dich. Als die Kinder klein waren und ich wieder in der Schule angefangen habe, bist du zu kurz gekommen. Du hättest gerne gehabt, wenn ich mehr Anteil an deinem Beruf genommen hätte. Wenn ich gelesen hätte, was du geschrieben hast. Du hättest auch gerne öfter mit mir geschlafen.« Sie drehte sich auf die Seite und kehrte ihm den Rücken. »Ich hätte gerne mehr mit dir gekuschelt.«

Nach einer Weile hörte er ihren ruhigen Atem. Hieß das, dass es mehr nicht zu sagen gab?

Ihm tat die linke Hüfte weh. Der Schmerz war nicht stark, aber gleichmäßig und beständig und fühlte sich an, als wolle er sich einnisten. Oder hatte er sich schon eingenistet? Taten sich seine linke Hüfte und sein linkes Bein nicht seit Tagen, nein, seit Wochen beim Treppensteigen schwer? War da nicht schon lange eine Schwäche, die er nur mit zusätzlicher Kraft und mit stechendem Schmerz überwand? Er hatte sich nicht darum gekümmert. Wenn er die Treppe geschafft hatte, war die Schwäche vorbei. Aber darum konnte der stechende Schmerz beim Treppensteigen doch der Bote des Schmerzes gewesen sein, den er jetzt spürte und der ihm Angst machte. Hatte das Skelettszintigramm nicht Herde in der linken Hüfte gezeigt?

Er erinnerte sich nicht mehr. Er wollte keiner der Kranken sein, die alles über ihre Krankheit wissen, die sich im Internet und mit Büchern und in Gesprächen schlaumachen und ihre Ärzte in Verlegenheit bringen. Linke Hüfte, rechte Hüfte – er hatte nicht aufgepasst, als der Arzt ihm erklärte, welche Knochen schon befallen waren. Er hatte sich gesagt, er werde es schon merken.

Auch er drehte sich auf die Seite. Tat die linke Hüfte noch weh? War es jetzt die rechte? Er hörte in sich hinein. Zugleich hörte er durch das offene Fenster den Wind in den Bäumen und das Bellen der Frösche am See. Er sah Sterne am Himmel und dachte, dass sie nicht golden sind und nicht prangen, sondern hart und kalt wie kleine, ferne Neonpunkte leuchten.

Doch, die linke Hüfte tat weiter weh. Aber auch die rechte. Wenn er in seine Beine fühlte, war der Schmerz da, und ebenso wenn er seinen Rücken hinauf und in den Nacken und in die Arme fühlte. Wo immer er hinfühlte, wartete der Schmerz auf ihn und sagte ihm, er wohne jetzt hier. Er sei jetzt hier zu Hause.

5

Er schlief schlecht und stand früh auf. Auf Zehenspitzen ging er zur Tür, öffnete sie behutsam und schloss sie behutsam. Die Böden, die Treppen, die Türen, alles knarrte. Er machte in der Küche Tee und nahm die Tasse mit auf die Veranda. Es wurde hell. Die Vögel lärmten.

Gelegentlich ging er seiner Frau beim Kochen oder Tischdecken oder Abwaschen zur Hand. Alleine hatte er noch keine Mahlzeit auf den Tisch gebracht. Früher fiel, wenn seine Frau verreisen musste, das Frühstück aus und ging er zum Mittag- und Abendessen mit den Kindern ins Restaurant. Früher hatte er aber auch keine Zeit. Jetzt hatte er Zeit.

Er fand in der Küche Dr. Oetkers Schulkochbuch und brachte es auf die Veranda. Mithilfe eines Kochbuchs musste sogar er, der Philosoph und Spezialist für analytische Philosophie, Pfannkuchen zum Frühstück backen können. Sogar er? Gerade er! »Was sich beschreiben lässt, das kann auch geschehen«, lehrt Wittgenstein im *Tractatus logico-philosophicus.*

Aber es gab im Schulkochbuch keinen Pfannkuchen. Hatte der Pfannkuchen noch einen anderen Namen? Was sich nicht benennen lässt, lässt sich auch nicht finden. Was sich nicht finden lässt, lässt sich auch nicht backen.

Er fand den Eierkuchen, las, was er zu tun hatte, und rechnete die Zutaten auf 11 Personen hoch. Dann machte er sich in der Küche an die Arbeit. Er musste lange suchen, bis er 688 Gramm Mehl, 11 Eier, einen reichlichen Liter Milch, einen reichlichen Drittelliter Mineralwasser, ein knappes Pfund Margarine, Zucker und Salz beisammenhatte. Er ärgerte sich, dass für Zucker und Salz keine Mengen angegeben waren. Wie sollte er Zucker, wie sollte er Salz an sich durch vier dividieren und mit elf multiplizieren? Er ärgerte sich auch, dass er keine Anweisung fand, wie das Eiweiß vom Eigelb zu trennen und steif zu schlagen sei. Er hätte die Pfann- oder Eierkuchen gerne zart und locker gemacht. Aber er schaffte das Sieben, Verschlagen und Verrühren, ohne dass Klümpchen entstanden.

Als er die Pfanne aus dem Schrank nahm, rutschte sie ihm aus der Hand und fiel scheppernd auf den steinernen Boden. Er hob sie auf und lauschte ins Haus. Nach wenigen Sekunden hörte er die Schritte seiner Frau auf der Treppe. Sie kam im Nachthemd in die Küche und sah sich um.

Jetzt, dachte er. Er nahm sie in die Arme. Sie fühlte sich sperrig an. Ich, dachte er, fühle mich vermutlich auch sperrig an. Wie lange ist es her, dass wir uns das letzte Mal in die Arme genommen haben? Er hielt sie fest, und sie ergab sich zwar nicht in die Umarmung, legte aber die Arme um ihn. »Was machst du in der Küche?«

»Pfannkuchen – ich will gerade die Nullnummer backen. Die anderen backe ich, wenn alle am Frühstückstisch sitzen. Es tut mir leid, dass ich dich geweckt habe.«

Sie sah auf den Tisch, auf dem noch Mehl, Eier und Margarine lagen und die Schüssel mit dem Teig stand. »Du hast das gemacht?«

»Willst du die Nullnummer versuchen?« Er ließ seine Frau los, schaltete den Herd ein und setzte die Pfanne auf die Flamme, sah ins Kochbuch, erhitzte Margarine, gab ein wenig Teig in die Pfanne, nahm den halb gebackenen Pfannkuchen heraus und legte ihn auf einen Teller, erhitzte mehr Margarine, gab den Pfannkuchen gewendet in die Pfanne und präsentierte ihn schließlich goldgelb seiner Frau.

Sie aß. »Er schmeckt wie ein richtiger Pfannkuchen.«

»Er ist ein richtiger Pfannkuchen. Kriege ich einen Kuss?«

»Einen Kuss?« Sie sah ihn erstaunt an. Wie lange ist es her, dachte er wieder, dass wir uns das letzte Mal geküsst haben? Langsam legte sie Gabel und Teller aus der Hand, kam zu ihm an den Herd, gab ihm einen Kuss auf die Backe und blieb neben ihm stehen, als wisse sie nicht, was sie jetzt tun solle.

Dann stand Meike in der Tür und sah ihre Großeltern fragend an. »Was ist los?«

»Er backt Pfannkuchen.«

»Großvater backt Pfannkuchen?« Sie mochte es nicht glauben. Aber da waren die Zutaten, die Schüssel mit Teig, die Pfanne, der halbe Pfannkuchen auf dem Teller und der Großvater mit Schürze. Meike drehte sich um, rannte die Treppe hoch und klopfte an die Türen. »Großvater backt Pfannkuchen!«

6

An diesem Tag zog er sich nicht auf die Bank am See zurück. Er holte einen Sessel aus dem Bootshaus und setzte sich an den Bootssteg. Er schlug ein Buch auf, las aber nicht. Er sah den Enkelkindern zu.

Ja, David war in Meike verliebt. Wie er sie zu beeindrucken versuchte, wie er sich bei jeder Haltung und Bewegung um Lässigkeit bemühte, wie er sich vor dem Kopfsprung mit Überschlag vergewisserte, ob sie zusah, wie er mit den Büchern angab, die er gelesen, und mit den Filmen, die er gesehen hatte, wie er mit nihilistischer Gleichgültigkeit über seine Zukunft sprach! Merkte Meike es nicht, oder spielte sie mit David? Sie schien unbeeindruckt und unbefangen und schenkte David nicht mehr von ihrer Aufmerksamkeit und Fröhlichkeit als den anderen.

Die Leiden der ersten Liebe! Er sah Davids Unsicherheit und fühlte wieder die Unsicherheit, die ihn vor mehr als fünfzig Jahren gequält hatte. Auch er wollte damals alles sein, und manchmal war ihm, als sei er es, und dann wieder, als sei er nichts. Auch er dachte damals, wenn Barbara sähe, wer er war und wie er sie liebte, würde sie ihn auch lieben, konnte aber weder zeigen, wer er war, noch sagen, dass er sie liebte. Auch er suchte damals in jeder kleinen Geste der Aufmerksamkeit und der Vertrautheit ein Versprechen und wusste doch, dass Barbara ihm nichts versprach. Auch er flüchtete damals in eine heroische Gleichgültigkeit, in der er nichts glaubte und nichts hoffte und nichts brauchte. Bis die Sehnsucht ihn wieder überwältigte.

Ihn erfasste Mitleid mit seinem Enkel – und mit sich selbst. Die Leiden der ersten Liebe, die Schmerzen des Heranwachsens, die Enttäuschungen des erwachsenen Lebens – er hätte David gerne etwas Tröstendes oder Ermutigendes gesagt, wusste aber nicht, was. Konnte er ihm immerhin helfen? Er stand auf und setzte sich im Schneidersitz zu den beiden auf den Bootssteg.

»Ehrlich, Großvater, ich hätte dir die Pfannkuchen nicht zugetraut.«

»Ich habe Spaß am Kochen gekriegt. Helft ihr beiden Großen mir morgen? Ich will nicht zu ehrgeizig werden, aber Spaghetti Bolognese und Salat sollte ich mit eurer Hilfe schaffen.«

»Zum Nachtisch Mousse au Chocolat?«

»Wenn sie in Dr. Oetkers Schulkochbuch steht.«

Dann saßen sie stumm beieinander. Er hatte ihr Gespräch unterbrochen und wusste nicht, wie er ein Gespräch zu dritt in Gang bringen sollte. »Dann gehe ich mal wieder. Morgen um elf? Zuerst einkaufen und dann kochen?«

Meike lachte ihn an. »Cool, Großvater, aber wir sehen uns doch noch.«

Dann saß er wieder auf dem Sessel. Matthias und Ferdinand hatten ein paar Meter vor dem Ufer eine flache Stelle im See gefunden, schleppten herbei, was sie an Steinen fanden, und bauten eine Insel. Er schaute nach der zwölfjährigen Schwester von David und Matthias aus. »Wo ist Ariane?«

»Auf deiner Bank.«

Er stand wieder auf und ging zu seiner Bank. Die linke Hüfte schmerzte. Ariane las, einen Fuß auf der Bank und das Buch auf dem Knie, hörte ihn kommen und sah auf. »Ist es okay, dass ich hier sitze?«

»Natürlich. Kann ich mich dazusetzen?«

Sie nahm den Fuß von der Bank, schlug das Buch zu und rückte zur Seite. Sie sah, dass er den Titel las: *Wenn der Postmann zweimal klingelt.* »Es stand bei euch im Regal. Vielleicht ist es nichts für mich. Aber es ist spannend. Ich dachte, wir machen mehr zusammen. Aber David hat nur Augen für Meike und Meike nur Augen für David, auch wenn sie so tut, als sei es nicht so, und er es nicht merkt.«

»Bist du sicher?«

Sie sah ihn an, altklug und mitleidig, und nickte. Sie wird eine schöne Frau werden, dachte er und stellte sich vor, wie sie eines Tages die Brille abnehmen, das Haar lösen und die Lippen aufwerfen würde. »So ist das also mit David und Meike. Wollen wir was zusammen machen?«

»Was?«

»Wir können Kirchen und Schlösser ansehen oder einen

Maler besuchen, den ich kenne, oder einen Kraftfahrzeug-
mechaniker, in dessen Werkstatt es aussieht wie vor fünfzig
Jahren.«

Sie dachte nach. Dann stand sie auf. »Gut, besuchen wir
den Maler.«

7

Nach einer Woche wollte seine Frau wissen: »Was ist los?
Wenn dieser Sommer stimmt, haben alle früheren nicht gestimmt, und wenn alle früheren gestimmt haben, stimmt
dieser nicht. Du liest nichts mehr, und du schreibst nichts
mehr. Du ziehst nur noch mit den Enkelkindern herum
oder mit den Kindern, und gestern kommst du in den Garten und willst die Hecke schneiden. Wenn es eine Gelegenheit gibt, mich anzufassen, fasst du mich an. Wirklich, es
ist, als könntest du deine Hände nicht von mir lassen. Ich
will nicht sagen, dass du mich nicht anfassen kannst. Du
kannst …« Sie wurde rot und schüttelte den Kopf. »Jedenfalls ist alles anders, und ich will wissen, warum.«

Sie saßen auf der Veranda. Die Kinder und Schwiegerkinder verbrachten den Abend bei Freunden, und die Enkelkinder lagen im Bett. Er hatte eine Kerze angezündet, eine
Flasche Wein aufgemacht und ihr und sich eingeschenkt.

»Weintrinken bei Kerzenschein – auch das gab's noch nie.«

»Wird es nicht Zeit, dass ich damit anfange – damit und
mit den Enkelkindern und den Kindern und der Hecke?
Dass ich wieder weiß, wie gut du dich anfühlst?« Er legte
den Arm um sie.

Aber sie schüttelte ihn ab. »Nein, Thomas Wellmer. So geht das nicht. Ich bin nicht eine Maschine, die du abstellen und anstellen kannst. Ich hatte mir unsere Ehe anders vorgestellt, aber anders ging es anscheinend nicht, und so habe ich mich mit dem eingerichtet, was ging. Ich lasse mich nicht auf eine Laune ein, auf einen Sommer, der nach wenigen Wochen vorbei ist. Da schneide ich meine Hecke lieber selbst.«

»Ich habe vor drei Jahren an der Universität aufgehört. Es tut mir leid, dass ich so lange gebraucht habe, bis ich die Freiheit des Ruhestands begriffen habe. An der Universität ist mit dem Ruhestand nicht so radikal Schluss wie in einer Behörde; man hat noch Doktoranden und macht noch ein Seminar und sitzt noch in einer Kommission und denkt, man müsste schreiben, was man immer schreiben wollte und wozu man nie Zeit hatte. Es ist, wie wenn du den Motor abstellst und im Leerlauf weiterrollst. Wenn die Straße dann noch ein bisschen abschüssig ist …«

»Du bist das Auto, dem der Ruhestand den Motor abgestellt hat. Wer ist die abschüssige Straße?«

»Alle, die mich behandelt haben, als würde der Motor noch laufen.«

»Ich muss dich also besonders behandeln. Nicht, als würde der Motor noch laufen, sondern als wäre er aus. Dann …«

»Nein, du musst nichts tun. Nach drei Jahren rollt das Auto nicht mehr.«

»… dann kümmerst du dich ab jetzt um die Enkelkinder und schneidest die Hecke?«

Er lachte. »Und lasse die Hände nicht von dir.«

Sie saßen Seite an Seite, und er spürte ihre Skepsis. Er spürte sie in ihrer Schulter, ihrem Arm, ihrer Hüfte, ihrem Oberschenkel. Wenn er noch mal den Arm um sie legen würde, würde sie ihn vielleicht nicht abschütteln – sie hatten miteinander geredet und einander zugehört. Aber sie würde darauf warten, dass er ihn wieder wegnähme. Oder würde sie nach einer Weile den Kopf an seine Schulter legen? Wie sie beim Pfannkuchenbacken die Arme um ihn gelegt hatte, nicht als Einverständnis, nicht als Versprechen, nur so?

8

Er warb um sie. Morgens brachte er ihr Tee ans Bett; wenn sie im Garten arbeitete, brachte er ihr Limonade; er schnitt die Hecke und mähte den Rasen; er machte es sich zur Regel, abends zu kochen, meistens unterstützt von Ariane; er war für die Enkelkinder da, wenn sie sich langweilten; er achtete darauf, dass der Vorrat an Apfelsaft, Mineralwasser und Milch nicht ausging. Jeden Tag lud er seine Frau zum Spaziergang ein, nur sie und er, und zuerst wollte sie rasch wieder nach Hause und an die Arbeit, aber dann ließ sie ihn die Wege ausdehnen und manchmal ihre Hand halten – bis sie ihre Hand brauchte, weil sie etwas aufheben oder pflücken und untersuchen wollte. Eines Abends fuhr er mit ihr in das Restaurant am anderen Ufer des Sees, das einen Stern hatte und wo man ihnen das Abendessen auf einer Wiese unter Obstbäumen servierte. Sie sahen auf das Wasser, das im Licht der Abendsonne wie geschmolzenes Metall glänzte, Blei mit einem Hauch von Bronze, glatt, bis zwei Schwäne mit klatschendem Flügelschlag landeten.

Er legte seine Linke auf den Tisch. »Du weißt, dass Schwäne …«

»Ich weiß.« Sie legte ihre Hand auf seine.

»Wenn wir zu Hause sind, möchte ich mit dir schlafen.«

Sie nahm ihre Hand nicht weg. »Weißt du noch, wann wir das letzte Mal miteinander geschlafen haben?«

»Vor deiner Operation?«

»Nein, es war danach. Ich dachte, es ginge wieder. Du hast mir gesagt, dass ich so schön bin, wie ich davor war, und dass du die neue Brust so liebst, wie du die alte geliebt hast. Aber dann musste ich ins Bad und habe die rote Narbe gesehen und gemerkt, dass es nicht ging und dass alles nur Anstrengung war, ich habe mich angestrengt, und du hast dich angestrengt. Du hast verständnisvoll und rücksichtsvoll reagiert und gesagt, dass du mich nicht drängen willst. Dass ich ein Signal geben soll, wenn ich so weit bin. Aber als ich kein Signal gab, war's dir auch recht, und du hast auch keines gegeben. Dann merkte ich, dass es vor der Operation nicht anders war und dass damals schon nichts passierte, wenn ich kein Signal gab. Ich mochte kein Signal mehr geben.«

Er nickte. »Verlorene Jahre – ich kann dir nicht sagen, wie leid es mir um sie ist. Ich dachte damals, ich müsste es mir und den anderen beweisen und Rektor werden oder Staatssekretär oder Präsident der Vereinigung, und weil du keinen Anteil daran nahmst, habe ich mich von dir verraten gefühlt. Dabei hattest du recht. Wenn ich zurückschaue, haben die Jahre kein Gewicht. Sie waren nur laut und schnell.«

»Hattest du eine Geliebte?«

»O nein. Ich habe außer der Arbeit nichts und niemanden an mich herankommen lassen. Anders hätte ich sie nicht geschafft.«

Sie lachte leise. Weil sie sich an seine damalige Arbeitswut erinnerte? Weil sie erleichtert war, dass er damals keine Geliebte hatte?

Er bat um die Rechnung.

»Meinst du, wir können es noch?«

»Ich habe so viel Angst wie beim ersten Mal. Oder noch mehr. Ich weiß nicht, wie es wird.«

9

Es wurde nichts. Mitten in der Umarmung kam der Schmerz. Er explodierte im Steißbein und schickte seine Wellen in den Rücken und in die Hüften und in die Oberschenkel. Er war schlimmer als der schlimmste Schmerz, den er bisher gehabt hatte. Er vernichtete sein Begehren, sein Fühlen, sein Denken. Er machte ihn zu seinem Geschöpf, das nicht über den Schmerz hinauskonnte, das sich nicht einmal danach sehnen konnte, dass er aufhören würde. Ohne es zu wollen oder auch nur zu merken, stöhnte er auf.

»Was ist?«

Er rollte auf den Rücken und presste beide Hände gegen die Stirn. Was sollte er sagen? »Ich glaube, ich habe einen Ischias, wie ich noch keinen hatte.« Mühsam stand er auf. Im Bad nahm er vom Novalgin, das ihm der Arzt für Krisen gegeben hatte. Er stützte seine Arme auf das Waschbecken und sah in den Spiegel. Obwohl er sich fühlte, wie er sich noch nie gefühlt hatte, war sein Gesicht, wie es immer war. Das dunkelblonde Haar mit grauen Schläfen und Strähnen, die zwischen Grau und Grün schillernden Augen, das von tiefen Furchen über der Nase und von der Nase zum Mund gezeichnete Gesicht, die Härchen, die ihm aus der Nase wuchsen und die er morgen stutzen würde, der schmale Mund – es tat ihm gut, seine Schmerzen mit dem vertrauten Gesicht zu teilen und ihm mit trotzigem Mund zu versichern und sich mit trotzigem Mund versichern zu lassen, es stecke noch Leben in dem alten Hund. Als die Schmerzen schwächer wurden, ging er zurück ins Schlafzimmer.

Seine Frau war eingeschlafen. Er setzte sich auf den Bettrand, vorsichtig, damit sie nicht aufwachte. Ihre Lider zitterten. Ob sie erst halb im Schlaf und halb noch im Tag war? Ob sie träumte? Was mochte sie träumen? Er kannte ihr Gesicht so gut. Das junge Gesicht, das darin wohnte, und das alte. Das kindliche, freudige, arglose und das müde, bittere. Wie hielten die zwei verschiedenen Gesichter es miteinander aus?

Er blieb sitzen. Er wollte seinen Schmerz nicht provozieren. Sein Schmerz hatte ihm gezeigt, dass er bei ihm nicht nur zu Hause, sondern dass er der Herr im Haus war. Jetzt hatte er sich in ein hinteres Zimmer zurückgezogen, aber die Türen aufgelassen, um zur Stelle zu sein, sollte ihm nicht der gehörige Respekt erwiesen werden.

Ihn rührten die Haare seiner Frau. Sie waren braun gefärbt und wuchsen grau und weiß nach – der Kampf gegen das Älterwerden, wieder und wieder gekämpft, verloren, aber nicht verloren gegeben. Würde seine Frau ihre Haare nicht färben, sähe sie mit ihrer geschwungenen Nase, ihren hohen Backenknochen, ihren Falten und ihren Augen wie eine weise alte Indianerin aus. Er hatte nie herausgefunden, ob ihre Augen manchmal unergründlich schauten, weil ihre Gefühle und Gedanken so tief oder weil sie so leer waren. Er würde es nicht mehr herausfinden.

Sie entschuldigte sich am nächsten Morgen. »Es tut mir leid. Der Champagner, der Wein, das Essen, das Miteinander-Schlafen, mit dem Schluss war, als es schön wurde, dein Ischias – es war ein bisschen viel. Da bin ich einfach eingeschlafen.«

»Nein, mir tut es leid. Der Arzt hat mir gesagt, dass ich mit Ischiasattacken rechnen und dann Tabletten nehmen muss. Ich ahnte nicht, dass sie so heftig und so im falschen Augenblick kommen würden.« Er hatte Angst, sich auf die Seite zu legen, und streckte den Arm aus.

Sie legte den Kopf auf seine Schulter. »Ich muss Frühstück machen.«

»Nein, musst du nicht.«

»Muss ich doch.«

Sie spielte nur. Sie wollte, was auch er wollte. Er bat seinen Schmerz, im hinteren Zimmer zu bleiben, für diesen Morgen, für diese Stunde. »Setzt du dich auf mich?«

10

Als sie hinunterkamen, waren die anderen mit dem Frühstück fast fertig. Ariane sah ihre Großeltern an, als wisse sie, warum sie spät dran waren. Die zwölfjährige Ariane?

Aber er wurde rot, und seine Frau wurde es auch. Dann, als wolle sie der Clique zeigen, dass sie und er etwas miteinander hatten, gab sie ihm einen Kuss.

Gegen Mittag holte er seinen alten Freund am Bahnhof ab. Der Zug fuhr ein und hielt, und weil der Wagen zu hoch für den Bahnsteig oder der Bahnsteig zu niedrig für den Wagen war, musste sein Freund einen kleinen Sprung machen. Er machte ihn mit resigniertem Lächeln. Als sei er darauf gefasst, zu stürzen und statt eines kurzen Besuchs bei einem alten Freund einen langen Aufenthalt in einem Provinzkrankenhaus vor sich zu haben.

Resigniert, als sei das Spiel aus, bevor es beginnt, zugleich von heiterem Charme, als sei das zwar so, mache aber nichts – so war er immer schon. So hatte er studiert, ohne großen Aufwand und Ehrgeiz, aber freundlich gegen jedermann und bei jedermann beliebt, auch bei denen, die ihn prüften, und später bei denen, die ihn einstellten. Er wurde ein erfolgreicher Rechtsanwalt, der seinen Erfolg seinem fachlichen Können und ebenso seinem Umgang mit Mandanten, Gegnern und Richtern verdankte. Er charmierte sie. Er charmierte auch die Frauen und Kinder seiner Freunde; sie liebten ihn, obwohl auch unter seinen Freunden der eine und andere eine Frau geheiratet hatte, die den Mann für sich haben wollte, ohne alte Freunde.

Sohn Helmut mochte den Freund besonders; als Kind war er manchmal mit dem Vater und ihm in Ferien gefahren, Männerferien. Im Winter liefen sie Ski, und wenn er nicht mehr konnte oder wollte, nahm ihn der Freund, der in Jeans und Mantel die Pisten hinunterfegte, zwischen die Beine. Für den kleinen Jungen war der Freund mit dem wehenden dunklen Mantel, der ihn sicher und schnell ins Tal brachte, ein Held wie Batman. Später beriet er ihn im Studium und im Beruf; ohne ihn hätte Helmut sich nicht entschieden, Rechtsanwalt zu werden. Er wäre gerne zum Bahnhof mitgekommen. Aber die Fahrten vom Bahnhof nach Hause und am nächsten Abend vom Haus zum Bahnhof waren für die beiden Freunde die einzigen Gelegenheiten, miteinander alleine zu sein.

Auf der Fahrt redeten sie über den Ruhestand, die Familien, den Sommer. Dann fragte der Freund: »Was macht der Krebs?«

»Lass uns oben«, er zeigte zu dem Berg, auf den die Straße führte, »halten und ein paar Schritte laufen.« Er hatte sich wieder und wieder gefragt, ob er dem Freund von seiner Absicht erzählen sollte. Sie hatten sonst keine Geheimnisse voreinander, und über den Krebs hatten sie umso leichter gesprochen, als beide das gleiche Schicksal teilten; bei beiden war vor Jahren Krebs diagnostiziert worden, beide Male ein verschiedener und verschieden verlaufender, aber beide Male mit Operation und Bestrahlung und Chemotherapie. Aber wie sollte der Freund mit dem Wissen um seine Absicht der Familie begegnen?

Sie gingen über die Höhe. Zur Rechten begann der Wald, zur Linken hatten sie den Blick auf den See, die Berge und in der Ferne die Alpen. Es war warm, die weiche, satte Wärme des Sommers.

»Es ist eine Frage der Zeit, bis die Knochen es nicht mehr machen. Bis sie bröseln und brechen und bis der Schmerz unerträglich wird. Manchmal kriege ich einen Vorgeschmack, aber noch geht's. Was macht dein Krebs?«

»Er hält still, schon seit vier Jahren. Letzten Monat stand die Untersuchung an, und ich bin erstmals einfach nicht gegangen.« Fatalistisch hob der Freund die Hände und ließ sie wieder sinken. »Was machst du, wenn der Schmerz unerträglich wird?«

»Was würdest du machen?«

Sie liefen eine ganze Weile, ohne dass der Freund antwortete. Dann lachte er. »Den Sommer genießen, so gut es geht. Was sonst?«

II

Nach dem Abendessen saß er in der Ecke des Sofas und sah den anderen zu. Sie spielten ein Spiel, bei dem höchstens acht Personen mitspielen durften. Er konnte sich, ohne aufzufallen, immer wieder anders hinsetzen und die Kissen mal hinter den Rücken, mal gegen die Hüfte, mal unter den Oberschenkel legen. Jede Veränderung brachte Erleichterung, bis der Schmerz sich in der neuen Haltung eingerichtet hatte wie in der alten. Er hatte Novalgin genommen, aber es half nicht mehr. Was jetzt? Sollte er in die Stadt fahren und den Arzt um Morphin bitten? Oder war der Zeitpunkt gekommen, die Flasche aus dem Weinkühlschrank zu holen, in dem sie hinter einer halben Flasche Champagner versteckt war, und den Cocktail zu trinken?

Wenn er sich seinen letzten Abend vorgestellt hatte, hatte er ihn sich schmerzfrei vorgestellt. Jetzt merkte er, dass es nicht einfach war, den richtigen Abend zu finden. Je länger es mit ihm ging und je schlimmer es um ihn stand, desto seltener würden schmerzfreie Abende sein, desto willkommener, desto unverzichtbarer. Wie sollte er einen solchen Abend an den Tod preisgeben? Andererseits wollte er nicht in Schmerzen sterben. Ob Morphin die Lösung war? Ob mit ihm die schmerzfreien Abende nicht mehr unverzichtbare Seltenheiten, sondern machbare Gelegenheiten sein würden?

Türen und Fenster standen auf, und der laue Wind brachte Mücken vom See. Als er die Mücke auf dem linken Arm mit der rechten Hand treffen wollte, konnte er sie nicht heben. Die Hand gehorchte ihm nicht. Als er sich anders setzte, ging es wieder, und es ging auch, als er wieder die Haltung einnahm, in der ihm die Hand gerade nicht gehorcht hatte. Er probierte verschiedene Haltungen, und in jeder konnte er die Hand heben, so dass er sich schließlich fragte, ob er sich das Versagen nur eingebildet hatte. Aber er wusste es besser, und er wusste auch, dass wieder etwas geschehen war, hinter das es nicht mehr zurückging.

Das Spiel war zu Ende, und der Freund erzählte Fälle aus seiner Praxis. Die Kinder hatten früher von seinen Fällen nicht genug kriegen können, und die Enkelkinder konnten es jetzt auch nicht. Es beschämte ihn. Was hatte er seinen Kindern zu erzählen gehabt? Was hatte er seinen Enkelkindern zu erzählen? Dass Kant ein guter Billardspieler war und sich mit Billardspielen Geld fürs Studium verdiente, dass Hegel mit seiner Frau das Familienleben von Martin Luther und Katharina von Bora imitierte, dass Schopenhauer seine Mutter und seine Schwester lausig behandelte und dass Wittgenstein sich um seine Schwester rührend kümmerte – er kannte ein paar Philosophenanekdoten und ein paar Anekdoten aus der Geschichte, die ihm sein Großvater erzählt hatte. Aus seiner eigenen Arbeit wusste er nichts Spannendes zu erzählen – was sagte das über ihn? Über seine Arbeit? Über die analytische Philosophie? War sie auch nur eine raffinierte Vergeudung menschlicher Intelligenz?

Dann ließ der Freund sich bitten und setzte sich ans Klavier. Er lächelte ihm zu und spielte die Chaconne aus der *Partita in d-Moll,* die sie als Studenten von Menuhin gehört und lieben gelernt hatten. Eine Bearbeitung für Klavier – er hatte nicht gewusst, dass es sie gab und dass der Freund sie spielte. Hatte er sie für ihn geübt? Schenkte er sie ihm zum Abschied? Die Musik und das Geschenk des Freundes rührten ihn so, dass ihm die Tränen kamen und auch nicht aufhörten, als der Freund Jazz spielte – das, was die Kinder und Enkelkinder eigentlich hören wollten.

Seine Frau sah es, setzte sich zu ihm und legte ihren Kopf an seine Schulter. »Ich weine auch gleich. Der Tag hat so schön angefangen und hört so schön auf.«

»Ja.«

»Wollen wir aufstehen und hochgehen? Wenn die anderen merken, dass wir nicht mehr da sind, verstehen sie schon.«

12

Dann war Halbzeit. Er wusste, dass die zweite Hälfte des gemeinsamen Sommers schneller vergehen würde als die erste – und die erste war im Nu vergangen. Er dachte darüber nach, was er den Kindern noch sagen könne. Dagmar – dass sie sich nicht so viele Sorgen um die Kinder machen solle? Dass sie eine gute Biologin sei, ihre Gabe nicht vergeuden und wieder arbeiten solle? Dass sie ihren Mann verwöhne und dass das weder ihm noch ihr guttue? Helmut – ob ihn wirklich interessiere, welche Firma mit welcher fusioniert und welche Firma welche übernimmt? Ob ihn das viele Geld eigentlich interessiere, das er anhäuft? Ob er, das Vorbild des alten Freundes vor Augen, nicht ein anderer Rechtsanwalt habe werden wollen, als er jetzt ist?

Nein, das ging nicht. Dagmar hatte nun einmal einen aufgeblasenen Dummkopf geheiratet, und er konnte nur hoffen, dass sie es nicht merken und sich von seinem Reichtum und seinen guten Manieren weiter blenden lassen würde. Helmut war auf den Geschmack des Geldes gekommen und süchtig danach geworden, und seine Frau genoss die Früchte. Vielleicht hatten beide Kinder sich aus Unsicherheit auf ein Leben der Äußerlichkeit eingelassen, und vielleicht hatte er ihnen nicht genug Sicherheit gegeben. Jetzt konnte er sie ihnen auch nicht mehr geben. Er konnte ihnen sagen, dass er sie liebte. Was Eltern und Kinder in amerikanischen Filmen einander mit Leichtigkeit sagten, musste er auch sagen können.

Was immer mit seinen Kindern nicht stimmte – in diesem Sommer waren sie anspruchslos, verträglich und liebevoll. An den Enkelkindern hätte er nicht eine solche Freude, wenn die Kinder es nicht recht machen würden. Nein, er konnte den Kindern nichts Wegweisendes sagen. Er konnte ihnen nur sagen, dass er sie liebte.

Eines Tags waren die Schmerzen so stark, dass er den

Zug in die Stadt nahm und den Arzt um Morphin bat. Der Arzt gab ihm das Betäubungsmittelrezept unter Zögern und mit allerlei Belehrungen über Dosierung und Wirkung. Freundlicher als der Arzt war die Apothekerin, bei der er seit Jahrzehnten kaufte und die ihm mit traurigem Lächeln die Packung und ein Glas Wasser gab. »Es ist also so weit.«

Er verpasste den Nachmittagszug und nahm den Abendzug. Er hatte das Auto am Bahnhof abgestellt, fragte sich, ob er fahren könne, war aber nicht anders belehrt worden und kam nach einer Fahrt über leere Straßen sicher an. Das Haus lag dunkel. Wenn alle schon schliefen, hatte er keine Eile. Er konnte sich auf die Bank am See setzen. Er konnte genießen, dass heute Abend der Schmerz sich nicht nur in ein hinteres Zimmer zurückgezogen hatte, sondern verlässlich eingeschlossen war.

Ja, Morphin war die Lösung. Mit ihm war ein schmerzfreier Abend tatsächlich nicht mehr eine unverzichtbare Seltenheit, sondern eine machbare Gelegenheit. Er fühlte sich leicht; sein Körper schmerzte nicht nur nicht, sondern pulsierte weich und fest, hielt ihn, trug ihn, hatte Flügel. Ohne sich zu rühren, konnte er nach den Lichtern am anderen Ufer des Sees und sogar nach den Sternen greifen.

13

Er hörte Schritte und erkannte den Gang seiner Frau. Er rückte auf die eine Seite der Bank, damit sie auf der anderen Seite Platz hätte. »Du hast das Auto gehört?«

Sie setzte sich, ohne zu antworten. Als er den Arm um

ihre Schultern legen wollte, beugte sie sich vor, so dass seine Geste ins Leere ging. Sie hielt die Flasche mit dem Cocktail hoch und fragte: »Ist das, was ich denke?«

»Was denkst du?«

»Spiel kein Spiel mit mir, Thomas Wellmer. Was ist es?«

»Es ist ein besonders starkes Schmerzmittel, das gekühlt gelagert werden muss und nicht in die Hände der Enkelkinder geraten soll.«

»Deshalb hast du es hinter der Champagnerflasche im Weinkühlschrank versteckt?«

»Ja. Ich verstehe nicht, was du …«

»Ich habe besonders starke Schmerzen. Seit ich die Flasche gefunden habe, weil ich für dich und mich ein Essen mit Champagner vorbereiten wollte, habe ich besonders starke Schmerzen. Also trinke ich die Flasche am besten aus.« Sie schraubte den Deckel ab und hob die Flasche zum Mund.

»Mach das nicht.«

Sie nickte. »Eines Abends, während wir zusammensitzen und es schön haben, willst du rausgehen, die Flasche austrinken, wieder reinkommen und einschlafen. Sagst du uns davor noch, dass du besonders müde bist und vielleicht einschlafen wirst und wir dich schlafen lassen sollen?«

»Ich habe das nicht so genau geplant.«

»Aber du wolltest es machen, ohne es mir zu sagen, ohne mich zu fragen, ohne mit mir zu reden. So genau hast du es schon geplant. Stimmt's?«

Er zuckte die Schultern. »Ich verstehe nicht, was du hast. Ich wollte gehen, wenn ich den Schmerz nicht mehr ertrage. Ich wollte so gehen, dass niemand ein Problem hat.«

»Erinnerst du dich an unsere Hochzeit? Bis dass der Tod euch scheidet? Nicht bis du dich beim Tod einschmeichelst und mit ihm davonstiehlst. Und erinnerst du dich, dass ich mich nicht auf das Glück eines Sommers einlassen wollte, das nach wenigen Wochen vorbei ist? Hast du gedacht, dass ich die Wahrheit nicht herausfinde? Oder dass du, wenn ich sie herausfinde, tot bist? Dass ich dich dann nicht mehr zur Rede stellen kann? Du hast keine Geliebte gehabt, aber wie du mich jetzt betrogen hast, ist nicht besser, nein, es ist schlimmer.«

»Ich dachte, es kommt nicht raus. Ich dachte auch, dass es ein schöner Abschied ist. Was hättest du …«

»Ein schöner Abschied? Du gehst, und ich weiß nicht, dass du gehst? Das soll ein schöner Abschied sein? Es ist gar kein Abschied. Jedenfalls keiner, den ich von dir nehme. Und du nimmst auch nicht von mir Abschied, sondern von dir, und willst mich als Statistin dabeihaben.«

»Ich verstehe noch immer nicht, warum du so empört …«

Sie stand auf. »Ja, du verstehst nicht, was du machst. Ich werde es morgen früh den Kindern sagen und fahren. Mach hier, was du willst. Ich werde nicht als Statistin bleiben, und ich wäre erstaunt, wenn die Kinder blieben.« Sie stellte die Flasche auf die Bank und ging.

Er schüttelte den Kopf. Etwas war schiefgelaufen. Er wusste nicht genau, was. Aber es bestand kein Zweifel, dass etwas nicht so gelaufen war, wie es hätte laufen sollen. Er würde am nächsten Morgen mit seiner Frau reden müssen. So empört hatte er sie lange nicht mehr erlebt.

Sie lag nicht im gemeinsamen Bett, als er sich hinlegte, und nicht, als er aufstand. Er machte mit den Kindern Frühstück und weckte die Enkelkinder. Als alle um den Tisch saßen, kam sie. Sie setzte sich nicht.

»Ich fahre in die Stadt. Euer Vater will sich an einem der nächsten Abende im Kreis seiner Lieben umbringen. Ich habe es nur durch Zufall herausgefunden; er wollte mir und euch nichts davon sagen, sondern einfach das Mittel trinken und einschlafen und sterben. Ich will damit nichts zu tun haben. Was er sich alleine ausgedacht hat, soll er auch alleine zu Ende bringen.«

Dagmar sagte zu ihrem Mann: »Nimm die Kinder; mach was mit ihnen. Nicht nur unsere, alle.« Sie sagte es so bestimmt, dass ihr Mann aufstand und ging, und die Enkelkinder gingen mit. Dann wandte sie sich an ihren Vater. »Du willst dich umbringen? Wie Mutter es beschrieben hat?«

»Ich dachte, es müssten nicht alle wissen. Eigentlich müsste es niemand wissen. Der Schmerz wird schlimmer und schlimmer, und wenn er unerträglich wird, will ich mich verabschieden. Was ist daran falsch?«

»Dass du uns nichts gesagt hast und nichts sagen wolltest. Oder wenn nicht uns Kindern, dann Mutter. Wann der Schmerz unerträglich wird, hängt doch auch damit zusammen, was Mutter dir ertragen hilft. Ich dachte, auch wir …« Dagmar sah ihren Vater enttäuscht an.

Helmut stand auf. »Lass sein, Dagmar. Was gerade

abgeht, müssen die Eltern unter sich ausmachen. Ich jedenfalls werde mich nicht einmischen, und du hältst dich besser auch heraus.«

»Aber sie machen es nicht unter sich aus. Mutter hat gesagt, sie will damit nichts zu tun haben.« Dagmar sah ihren Bruder verwirrt an.

»Das ist auch eine Art, es mit ihm auszumachen.« Er wandte sich an seine Frau. »Komm, wir packen und fahren.«

Sie gingen. Dagmar stand zögernd auf, sah ihren Vater und ihre Mutter fragend an, bekam keine Antworten und ging auch. Das Haus war erfüllt von der Geschäftigkeit des Schränke und Kommoden Leerräumens, Bücher und Spielsachen Zusammensuchens, Betten Abziehens, Packens. Die Eltern ermahnten ihre Kinder, dies noch zu holen und jenes nicht zu vergessen, und weil die Kinder spürten, dass die Welt aus den Fugen geraten war, waren sie folgsam.

Seine Frau hatte schon in der Nacht gepackt. Sie stand noch eine Weile in der Küche und sah vor sich hin. Dann sah sie ihn an. »Ich fahre jetzt.«

»Du musst nicht fahren.«

»Doch, ich muss.«

»Fährst du in die Stadt?«

»Ich weiß nicht. Ich habe noch fast drei Wochen Ferien.« Sie ging, und er hörte, wie sie sich von den Kindern und Enkelkindern verabschiedete, die Haustür öffnete und schloss, das Auto anließ und losfuhr. Wenig später hatten die anderen fertig gepackt. Sie kamen in die Küche und verabschiedeten sich, die Kinder verlegen, die Enkelkinder verstört. Er hörte auch sie aus dem Haus gehen, Autotüren zuschlagen und losfahren. Dann war es still.

Er blieb sitzen und konnte nicht fassen, wie schnell sich das Haus geleert hatte. Er wusste nicht, was er tun sollte. Was er mit dem Morgen anfangen sollte und mit dem Tag, was mit dem nächsten Tag und der nächsten Woche, ob er sich gleich umbringen sollte oder später. Schließlich stand er auf und räumte den Tisch ab, lud das schmutzige Geschirr und Besteck in die Spülmaschine, füllte das Spülmittel ein, stellte die Spülmaschine an, sammelte oben die Bettwäsche und die Handtücher ein und trug sie in den Keller. Anders als die Spülmaschine hatte er die Waschmaschine noch nie bedient, aber er fand auf dem Bord mit den Waschmitteln eine Gebrauchsanleitung und folgte den Anweisungen. In eine Ladung passte die Wäsche von zwei Betten; er würde vier oder fünf Ladungen brauchen.

Er ging an den See und setzte sich auf die Bank. Mit den Geräuschen der spielenden und badenden Enkelkinder war sie ein Ort wie der Tisch in der Bibliothek oder im Café oder das Sofa im Wohnzimmer – er war bei den anderen und war doch für sich. Ohne die Geräusche war er nur einsam. Er wollte darüber nachdenken, was er tun sollte, aber ihm fiel nichts ein. Dann wollte er über eines der philosophischen Probleme nachdenken, die er in den Ruhestand mitgenommen hatte, und ihm fiel nicht nur nichts zu einem Problem, ihm fiel nicht einmal ein Problem ein. Situationen der letzten Wochen kamen zu ihm: David und Meike im Boot, Matthias und Ferdinand beim Bau der Insel, Ariane mit dem Buch auf dem Knie, Ariane und er beim Maler, das Kochen mit den Kindern, das Schneiden der Hecke, der Tee und die Limonade für die Frau, die wachsende Nähe, der Morgen, an dem sie sich geliebt hatten. Er spürte einen Hauch von Sehnsucht, nur einen Hauch, weil er noch nicht wirklich erfasst hatte, dass alle gegangen waren. Er wusste, dass es so war, er hatte es mit eigenen Ohren gehört und mit eigenen Augen gesehen. Aber er hatte es noch nicht wirklich erfasst.

Als der Schmerz sich meldete, war er fast froh. Wie man fast froh ist, wenn man sich verlassen an einem fremden Ort findet und jemandem begegnet, den man nicht mag, mit dem einen aber eine gemeinsame Vergangenheit auf der Schule oder Universität oder im Betrieb oder Büro verbindet. Die Begegnung lenkt von der Einsamkeit ab. Außerdem brachte der Schmerz ihm in Erinnerung, warum er hier war: nicht um in der Familie aufzugehen, sondern um von ihr Abschied zu nehmen. Nun war der Abschied eben ein bisschen früher und ein bisschen anders gekommen.

Ja, so war es. Oder doch nicht? Er stand auf und wollte die erste Ladung Wäsche zum Trocknen aufhängen und die nächste Ladung waschen. Noch bevor er das Haus erreichte, wusste er, dass der Abschied, der hinter ihm lag, nicht nur ein bisschen früher und ein bisschen anders gekommen war. Er hatte mit dem Abschied, der vor ihm gelegen hatte, nichts gemein. Der Abschied, der hinter einem liegt, ist passiert. Beim Abschied, der vor einem liegt, gibt es die Möglichkeit, dass etwas ihn verzögert, dass etwas ihn verhindert, dass ein Wunder geschieht. Er glaubte nicht an Wunder. Aber er merkte, dass er sich etwas vorgemacht hatte. Er hatte sich vorgestellt, der Schmerz werde immer stärker, immer schwerer zu ertragen und schließlich unerträglich werden und die Entscheidung zum Abschied werde sich von selbst ergeben. Stattdessen war mit dem Schmerz auch das Schmerzmittel stärker geworden. Die Entscheidung, den Cocktail zu trinken und den Abschied zu nehmen, ergab sich nicht von selbst. Er musste sie treffen, und weil er noch Zeit gehabt hatte, hatte er sich nicht eingestanden, wie schwer sie ihm fiel. Wenn er sich den Arm brechen würde oder das Bein – wäre es dann so weit?

Er hatte manchmal gesehen, wie seine Frau Wäsche aufhängte. Sie wischte die Wäscheleine ab, die im Garten gespannt war, brachte den Wäschekorb aus dem Keller, schlug die Wäschestücke aus und klemmte sie mit Wäscheklammern fest, die sie aus einem Beutel nahm, den sie wie eine Schürze umgebunden hatte. So machte er es auch. Sich nach den Stücken bücken, sie ausschlagen, die Klammern aus dem Beutel nehmen, sich nach der Leine strecken und die Stücke festklemmen – bei jeder Bewegung sah er seine Frau vor sich, nein, fühlte er sie, wie sie dieselbe Bewegung machte. Ihn ergriff das Mitgefühl mit dem Körper seiner Frau, der die Mühen des Berufs, des Haushalts und der Kinder, die Schmerzen der Geburten und der Fehlgeburt, die Anfälligkeit für Blasenentzündungen und die Überwältigungen durch Migräne ausgehalten hatte, so stark, dass er zu weinen begann. Er wollte aufhören. Aber er konnte nicht. Er setzte sich auf die Stufen der Veranda und sah durch die Tränen, wie der Wind die Wäsche blähte, sinken ließ und wieder hochwehte.

Nichts würde von dem letzten Sommer bleiben, den er so sorgfältig eingefädelt hatte. Wieder hatte er alle Zutaten beieinandergehabt, aber das Glück hatte nicht gestimmt. Es war anders als die anderen Male; eine Weile lang war er wirklich glücklich gewesen. Aber das Glück hatte nicht bleiben mögen.

16

Am selben Tag fing er an zu horchen. Er war im Garten oder am See und horchte, ob, was er gerade gehört hatte, das Auto seiner Frau war. Er war im ersten Stock, hörte im Erdgeschoss ein Geräusch und horchte auf Schritte. Er war im Erdgeschoss, hörte ein Geräusch im ersten Stock und horchte auf Stimmen.

In den nächsten Tagen war er sich manchmal sicher, er hätte seine Frau vorfahren oder die Treppe hochkommen oder Matthias zu ihm rennen oder Ariane nach ihm rufen gehört. Dann trat er vor die Tür oder an die Treppe oder drehte sich um, und niemand war da. An einem Tag ging er immer wieder vom Haus an den See, weil sich in seinem Kopf die Idee festgesetzt hatte, seine Frau werde mit einem Boot kommen, sich auf die Bank setzen und darauf warten, dass er sich zu ihr setze. War er unten an der Bank, kam ihm die Idee absurd vor. Aber wenn er wieder im Haus war, dauerte es nicht lang, bis er meinte, den gedrosselten Motor eines anlegenden Boots zu hören.

Als er nur mehr die Leere von Haus und Garten hörte, ließ er sich gehen. Das morgendliche Ritual des Duschens und Rasierens und Anziehens ging über seine Kräfte. Wenn er einkaufen fuhr, schlüpfte er mit dem Schlafanzug in eine

Hose und zog eine Jacke über und scherte sich nicht um die Blicke der anderen. Im Lauf des Nachmittags fing er zu trinken an, und am frühen Abend war er betrunken oder, wenn Alkohol und Tabletten zusammenwirkten, beinahe bewusstlos. Nur dann war er ganz ohne Schmerzen. Sonst tat ihm immer etwas und oft der ganze Körper weh.

Eines Abends stürzte er auf der Kellertreppe, war aber zu betrunken, um aufzustehen und hochzugehen. Er setzte sich auf die Stufe und lehnte sich an die Wand und schlief ein. Nachts wachte er auf und merkte, dass seine rechte Hand geschwollen war und wehtat. Es war nicht der Schmerz, den er kannte, sondern ein junger, frischer Schmerz, der bei jeder Bewegung der Hand stechend vom Gelenk bis in die Finger fuhr. Er sagte ihm, dass die Hand gebrochen war. Er sagte ihm auch, dass der richtige Augenblick gekommen war.

Aber er holte nicht den Cocktail, sondern ging in die Küche und machte Kaffee. Er füllte ein Handtuch mit Eiswürfeln, setzte sich an den Tisch, kühlte die Hand und trank den Kaffee. Er würde nicht selbst fahren können. Er musste eine Taxe kommen lassen. Ihm war peinlich, wie er aussah und wie er roch, und er quälte sich unter die Dusche und in frische Wäsche und in einen Anzug. Er rief den Taxenbetrieb an, holte den alten Chef aus dem Bett, den er seit Jahren kannte und der selbst kommen wollte, setzte sich auf die Terrasse und wartete. Die Nachtluft war warm.

Dann liefen die Dinge von selbst. Die Taxe brachte ihn zum Krankenhaus, der Arzt gab ihm eine Spritze und schickte ihn zum Röntgen, die Röntgenschwester machte die Aufnahmen und schickte ihn in die Wartehalle. Er war der einzige Patient, saß im weißen Licht der Neonröhren auf einem weißen Plastikstuhl und sah auf den leeren Parkplatz. Er wartete und schrieb in Gedanken einen Brief an seine Frau.

Es dauerte eine Stunde, bis er gerufen wurde. Neben dem ersten Arzt stand ein zweiter. Er führte das Wort und erklärte ihm die Zahl und Lage der Knochen der Hand, welche zwei Knochen gebrochen seien, dass es weder etwas zu operieren noch etwas zu schienen gebe, dass ein fester Verband ausreiche und dass eigentlich alles wieder gut werden müsse. Er legte ihm den Verband an und forderte ihn auf, sich in drei Tagen wieder sehen zu lassen. Der Empfang werde ihm eine Taxe rufen.

Der alte Chef, der ihn zum Krankenhaus gefahren hatte, fuhr ihn auch wieder nach Hause. Sie redeten über ihre Kinder. Es wurde hell, und als er ausstieg, lärmten die Vögel wie an dem Morgen, an dem er die Pfannkuchen gebacken hatte. Wie lange war das her? Drei Wochen?

17

Er ging in sein Arbeitszimmer und setzte sich an die Schreibmaschine. Auf ihr hatte er Briefe, Aufsätze und Bücher geschrieben, bis er eine Sekretärin bekam, der er diktieren konnte. Im Ruhestand hätte er sich an den Computer gewöhnen sollen. Aber lieber hatte er seine alte Sekretärin gebeten oder das Schreiben eingestellt.

Das Schreiben auf der Maschine war ungewohnt, und beim Schreiben ohne rechte Hand war er besonders ungeschickt. Er musste mit dem Zeigefinger Buchstaben um Buchstaben suchen.

»Ich kann nicht ohne Dich. Nicht wegen der Wäsche; ich wasche, trockne und falte sie. Nicht wegen des Essens; ich kaufe es ein und bereite es zu. Ich putze im Haus und gieße den Garten.

Ich kann ohne Dich nicht, weil ohne Dich alles nichts ist. Bei allem, was ich in meinem Leben gemacht habe, habe ich daraus gelebt, dass ich Dich hatte. Hätte ich Dich nicht gehabt, hätte ich nichts zustande gebracht. Seit ich Dich nicht habe, bin ich mehr und mehr und schließlich völlig verkommen. Zum Glück hatte ich einen Unfall und bin zu Sinnen gekommen.

Es tut mir leid, dass ich Dir nicht alles über meine Lage gesagt habe. Dass ich alleine geplant habe, wie ich mit dem Leben Schluss mache. Dass ich alleine entscheiden wollte, wann ich das Leben nicht mehr aushalte.

Du kennst die Kassette, die ich von Vater geerbt habe. Ich werde die Flasche in die Kassette schließen und die Kassette in den Kühlschrank stellen. Den Schlüssel findest Du in diesem Brief; so kann ich nichts ohne Dich entscheiden. Wenn es nicht mehr geht, entscheiden wir gemeinsam, dass es nicht mehr geht. Ich liebe Dich.«

Er schloss die Flasche in die Kassette, stellte die Kassette in den Kühlschrank, steckte den Schlüssel mit dem Brief in den Umschlag und adressierte ihn an die gemeinsame Wohnung in der Stadt. Er passte den Briefträger ab und gab ihm den Umschlag mit.

Kaum war der Briefträger gegangen, kamen ihm Zweifel. Sein Leben, sein Tod in ihrer Hand? Was, wenn sie den

Brief nicht bekam, nicht öffnete, nicht mochte? Er hätte gerne noch mal gelesen, was er geschrieben hatte, hatte aber keinen Durchschlag gemacht. Immerhin gab es eine fast fertige Fassung, die er wegen zu vieler Fehler weggeworfen hatte. Er musste sie im Papierkorb finden.

Als er vor seinem Schreibtisch stand, sah er in der offenen Schublade einen Schlüssel. Er nahm ihn heraus. Er hatte vergessen, dass es einen zweiten Schlüssel zur Kassette gab. Er lachte und steckte ihn ein.

Er legte sich in seinem Arbeitszimmer aufs Sofa und schlief den Schlaf, den er in der Nacht nicht geschlafen hatte. Als ihn nach zwei Stunden der Schmerz in der Hand weckte, ging er an den See und setzte sich auf die Bank. Wenn sie nicht verreist war, würde sie den Brief morgen haben. Wenn sie verreist war, könnte es Tage dauern.

Er stand auf, holte den Schlüssel aus der Tasche und warf ihn, so weit er mit der linken Hand konnte. Der Schlüssel blitzte im Licht der Sonne, blitzte auch noch, als er ins Wasser sank. Ein paar kleine Wellen kreisten um die Stelle. Dann war der See wieder glatt.

Damenbart

Bisher war Marlenas Alltag blass und ereignislos gewesen, wie es überhaupt ihrem Dasein an Farbe und Ereignissen fehlte. Die Männer in Thessaloniki schauten sie kaum an, dabei fand sie sich manchmal fast schön, obwohl ein Damenbart, den sie nur selten entfernen ließ, einen halbmondförmigen Schatten auf ihre untere Gesichtshälfte warf. Meist mochte sie das stachelige Gefühl, wenn sie mit dem Finger über die Haut strich, versunken, mit auf dem Kopf aufgetürmten Haaren, zu Hause, allein beim Essen. Immer nur essen, Feta, Fetakrümel in allen Variationen, Feta in Blätterteig eingeschlagen, über Wassermelone gestreut, Feta zu Souflaki oder Gyros, überbacken auf Moussaka, auf Auberginen oder einfach Feta in dicken Scheiben aus dem Kühlschrank, mit den Fingern abgebrochen und in den Mund gestopft. Manchmal stellte sie sich vor, sie würde in einem großen, glatten Schafskäse leben. Dann mochte sie das stachelige Gefühl auf ihrer Oberlippe auf einmal nicht mehr, es schlug in einen Ekel um, der sie noch ein wenig mehr wie ein verkannter Künstler mit gezwirbeltem Oberlippenbärtchen aussehen ließ.

Marlena, deren Geisteskräfte höchstens dazu reichten, in Klischees zu denken oder bei Sonnenuntergang, zu welcher Tageszeit auch sonst, unter dem Olivenbaum am

Hinterhaus Liebesgedichte der antiken Dichterin Sappho zu lesen, deren fragmentarische Verse sie zwar kaum verstand, die aber wundersam in ihr nachhallten – und die Handtücher … purpurfarbige, duftige, hat dir Mnasis geschickt aus dem Phokerland –, Marlena also hatte Geburtstag. Dreiunddreißig. Zaghaft gestand sie sich diese Zahl ein, die so viel mehr war als eine Zahl und vor ihr stand wie eine stehen gelassene Kaffeetasse, in der traurig ein paar ertränkte Träume schwammen. Heute soll endlich etwas passieren, dachte sie forsch auf dem Weg ins Büro.

Sie genoss den morgendlichen Weg, auch jetzt im Herbst. Früh um halb acht lag Thessaloniki – die Ackerfurchenstadt, die Stadt der Argonauten und der Honigopfer, hatte damals ihr Heimatkundelehrer erklärt, was auch immer er damit meinte – dunkel da und Marlenas Jacke fühlte sich klamm an vom Nebel, unangenehm feucht, auch wegen ihrer nassen Achselhöhlen. Sie musste sich ein anderes Deodorant besorgen – welches hatte Zoula empfohlen? Ja, richtig, eins von dieser schönen Bio-Marke Korres, die es in der Apotheke neben dem Zahnarzt Besas auf der Tsimiski-Straße zu kaufen gab. Gerade kam sie an der Klostermauer vorbei, eigentlich bloß ein niedriges Backsteinmäuerchen, darauf ein verziertes Eisengitter. War Angelos schon da? Angelos, das war der Name, den sie dem großen Mönch mit dem besonders dunklen Bart gegeben hatte. Manchmal sah sie ihn morgens, wenn er die Pfauen fütterte. Mit weit ausholender Geste warf er ihnen Körner aus einem an seinem Arm baumelnden Blecheimer hin. In der Stille hörte man das kratzende Geräusch seiner Fingernägel auf dem Blech und die knisternden Schritte der großen Vögel. Marlena verlangsamte dann ihren Schritt, strich katzenartig langsam am Gitter vorbei, hoffte, dass Angelos einen Blick auf ihr Profil hinter den dichten Locken werfen würde. Hellenisch hatte ihr Vater ihr Gesicht genannt, ihr guter Vater, Christodoulos Paroklos, der mit vorgerecktem Kinn im Wohnzimmer ungelenk Sirtaki tanzte und, weil er die Augen geschlossen hatte – so hat es Anthony Quinn gemacht, Kind, der einzige Grieche, der jeden Oskar gewonnen hat –, gegen den Esstisch lief. Tatsächlich stach Marlenas Nase scharf und hellenisch aus ihrem Profil, legten sich ihre dunklen Locken kappenartig um ihre olivgelben Züge, in denen die Augen für ihren Geschmack allerdings etwas zu tief in den Höhlen lagen.

An manchen Tagen schaute der Mönch kurz auf, befremdet von ihrem betont langsamen Schritt. Und lächelte. Oder bildete sie sich das ein? Sicher nicht. Heute früh jedoch war der Hof vor dem Kloster wie leer gefegt. Hier und da lagen ein paar verstreute Körner herum, sie war zu spät. Stattdessen kam ihr ein Paar entgegen. Über irgendetwas kichernd, stolperten sie untergehakt in einen Hauseingang. Die Frau, deren gurrendes Lachen nicht einstudiert wirkte, trug ein korsettartiges schwarzes Kleid, schwere, schaukelnde Haare, pudriges Parfum – Marlena liebte das Wort pudrig. Als pudrig bezeichnete sie die vagen Eindrücke, die ihrer Sehnsucht entsprachen: Glätte und Trockenheit, Weite und Helle. Ihr Vater hatte diese Sehnsucht nie verstanden und konterte ihre gelegentlichen Feinheiten mit kognitiver Schwäche und Plattitüden. Gegensätze, wie Gegensätze eben so sind, Kind, hatte er immer dann gerufen, wenn er nicht mehr weiterwusste oder wenn Gesehenes und Gefühltes seine ohnehin schon kümmerliche Analysekraft überstiegen. Und dabei schlug er mit der flachen Hand auf den Tisch.

Der Mann, der die Puderfrau lachend in den Hauseingang zog, sah aus wie der Sänger Vasilis Konstandinidis, höhnisch, neu, in glatter Kleidung. Wie mochte es wohl sein, mit so einem Mann beim Wein zu sitzen und Cocktailhappen, die Marlena aus der Rezeptrubrik in Frauenzeitschriften kannte und die sie sich fluoreszierend weich vorstellte, aus dem Kühlschrank zu zaubern, dem Klappern teuren Porzellans zu lauschen, wenn sie ihm Königsgarnelen, geräucherte Forellen und schwedischen Cranberry-Dip servierte? Der weiche Balsam des wie von einem Dieb beobachteten Moments – Balsam, das liebste Wort ihres Vaters, des Olivenernters aus Kreta – biss sich mit Marlenas saurem Deo-Geruch, der aus ihren ewig feuchten Achseln aufstieg, selbst jetzt in der frischen Morgenluft roch, ja fühlte sie den Geruch nach gebügeltem Schweiß.

Der andere, käsige Duft von Zoulas Bougatsa riss sie aus ihren Träumereien. Nein, Bougatsa, dieses fettige Zeug, konnte sie sich jetzt nicht erlauben. Aber vielleicht einen Kaffee. Schwarzer Kaffee fördert bekanntlich die Verdauung. Umso besser, sie war auf dem Weg in ein neues, besseres Leben, und am Ende dieses Weges würde sich nicht nur der ewige Fetaklumpen in ihrem Magen aufgelöst haben, sondern Angelos in einem schwarzen, vorne aufgeknöpften Seidenpyjama auf sie warten. Schwarz – eine andere Farbe konnte sie sich an ihm gar nicht vorstellen. Höchstens noch Königsblau; von dem satten Pfauenton würde sich seine blasse nackte Haut wie ein Opal abheben.

Schade, heute war die dicke Zoula nicht da – noch dicker als ich, jubelte es in Marlena stets beim Anblick der teigigen kleinen Frau. So gerne hätte sie ihr von ihrem Date für heute Abend, ihrem Geburtstagsdate erzählt, den leise seufzenden Neid hinter den dicken Brillengläsern der Bougatsa-Bäckerin erraten. Marlena verließ die Bäckerei und ging die noch leere Tsimiski-Straße entlang. In den glänzenden Schaufensterscheiben spiegelte sich ihr Teint gelb neben dem Beige ihrer Kleidung. Verunsichert verlangsamte sie ihren Schritt. Den Abstecher hätte sie sich sparen sollen, leisten konnte sie sich hier gar nichts. Hektisch durchschritt sie die Paleon-Patron-Germanou-Straße, bog auf die Egnatia-Straße ab und ging, aufgeputscht vom Kaffee, in hüpfenden Bewegungen auf das Universitätsgebäude zu.

Als sie durch die Schwingtüren des Verwaltungstraktes trat und in den mit senfgrünen Teppichen ausgelegten Gang einbog, in dem ihr Büro lag, überkam sie die Langeweile wie ein leerer Winternachmittag allein zu Hause. Nein, halt, dort hinten an der Kaffeemaschine stand Nikos Floros. Nikos, der zu dünne Verwaltungsbeamte mit den Geheimratsecken und den langen Nasenlöchern, in denen im Winter aufdringliche Wassertröpfchen hingen, so groß waren sie. Doch heute an ihrem Geburtstagsmorgen betrachtete sie seine nicht sehr große Gestalt mit einem erwartungsvollen Klopfen in der Brust, und seine Steckenbeine mit den knotigen Knien hatten plötzlich etwas schneidig Attraktives. Gestern nach der Nachmittagsbesprechung hatte er sie unter schüchternem Drucksen gefragt, ob sie morgen nicht mit ihm ausgehen wolle. Er wusste natürlich nicht, dass es ihr Geburtstag war, mit ihrem Alter ging sie nicht hausieren. Umso freudiger hatte sie seine Einladung angenommen. Morgen schon, so wenig kann er es also erwarten, hatte es in ihr gejubelt. Wie es wohl wäre, ihn zu küssen, fragte sie sich, als sie in ihre Bougatsa biss. Vielleicht würde seine Nase einen feuchten Abdruck auf ihrer Wange hinterlassen. Vergnügt schürzte sie die Lippen. Das hatte sie sich einer Freundin abgeguckt, die jedes Mal, wenn sie einen Mann entdeckte, der sie interessierte, die Lippen aufwarf wie ein Karpfen und mit einem ungelenken Ruck Brust und Rücken straffte.

Der Vormittag verlief ereignislos. Marlena registrierte ein paar neue Studenten, kopierte die Spesenabrechnungen des Dekans, wies eine picklige Hilfskraft an, Bücher aus der Bibliothek zu holen. Zum Mittagessen traf sie ihre Kollegin Kallisti in der Mensa. Über Erbsenpüree und etwas Feta hörte sie dem Gejaule der jüngeren, schlankeren und für ihren Teint zu blond gefärbten Sekretärin zu, ihrer endlosen Klage über ihre Affäre mit dem Prorektor, die Drohnachrichten seiner Frau an ihre Arbeits-E-Mail, ihren eifersüchtigen Mann mit der hängenden Hose, guter Gott, warum denn kein Gürtel, die Poritze, alle machten sich lustig ... Marlenas Gedanken begannen zu wandern, weg von dem grünen Plastiktisch, den vergilbten Esstabletts, Kallistis dramatischem Gesicht und hin zu Angelos' Pfauenpyjama ... Nun, die heutige Nacht würde ihre Fantasien noch übertreffen.

Nach der Arbeit stieg sie die Treppen zum Antikenmuseum hinunter. Die Sonne stand tief über dem Wasser, und das Meer lag ruhig wie eine glänzende Scherbe. Es war fast so warm wie im August. Wie sie den Sommer liebte, das Grillenzirpen, die Hitze, den Strand; das alles ließ sie an die alten Geschichten der Griechen denken, an Eroberungen, Kriege und Schlachten. Geschichten, von denen sie als Kind auf Drängen ihres Vaters kapitelweise in der Odyssee erfahren hatte. Christodoulos hatte ihr das dicke, rot eingebundene Buch geschenkt, obwohl er selbst seinen Inhalt nur als salbungsvolle Zitate aus dem Staatsfernsehen kannte.

Es gehörte in allen Schichten zum guten Ton, die Odyssee gelesen zu haben. Man war stolz auf Homer, wie man stolz auf die Akropolis war, auf Zeus und auf den Feta. Dabei schaffte es fast niemand bis zum Ende. Als Marlena bei der Stelle mit den Zyklopen angekommen war, hatte sie vor Schreck unterbrochen und das Buch nicht mehr anfassen wollen, doch der Vater hatte sie gezwungen weiterzulesen.

Im Museum blieb sie wie immer vor dem goldenen Kranz stehen, dessen Blüten aus Goldblatt so fein gewirkt waren, dass die zartesten in der Natur gewachsenen Blumen daneben plump wirken mussten. Wer hatte ihn getragen? In dem hellen Anblick des Kranzes schwang ein kristallenes Lachen mit – die für Marlenas Verhältnisse gewagte Metapher verwirrte sie kurz – und das rasche, verheißungsvolle Lösen von schwerem Haar. Wie eine Quitte … auf dem Boden ein dunkler Hyazinthenfleck.

Sie drehte sich abrupt um und ging. Draußen schlenderte sie die Hafenpromenade entlang, kaufte sich ein Eis, das in klebrigen orangen Tropfen an ihrem Arm bis zum Ellbogen hinunterlief. Plötzlich wurde ihr schlecht von dem süßen Geschmack und ihrer Aufmachung; die zuckrig-orangen Rinnsale auf ihrer Haut bissen sich mit dem Beige ihrer hochgekrempelten Jacke, erinnerten sie daran, dass sie vor dem Rendezvous unbedingt mit Wachs ihren Damenbart entfernen musste. Marlena roch wieder ihren Achselschweiß, vermischt mit Waschpulver. Wie ein schlecht angezogener Junge, der nach seiner Mama riecht, dachte sie verächtlich, warf das Eis in die nächstbeste Mülltonne und winkte hektisch ein Taxi heran, doch keines hielt. Am Straßenrand direkt vor ihr stand eine kleine alte Frau mit einem schreiend roten Einkaufsbeutel. Ihre senilen Kleider hatten dieselbe Farbe wie die Mülltonne, in der das orange Eis weiterschmolz, und der Blick, den die Alte auf Marlena richtete, schien ein gallenfarbenes, böses Omen zu sein. Sie stand vornübergebeugt wie ein Habicht, dornige Haarbüschel in den Ohren. Endlich hielt ein Taxi, Marlena drängelte sich vor, riss die Tür auf und ließ sich schwer auf die Rückbank plumpsen.

Als sie zu Hause ankam, war es immer noch heiß, und die Grillen schrillten in die dämmrige Wohnung hinein. Vergnügt bereitete Marlena sich einen kleinen Gin mit Limette – bald schon, bald würde sie in Nikos' Armen liegen, und … Mit einem Kichern wandte sie die Gedanken ab. Was sollte sie bloß anziehen? Leise Haris Alexious Lied »Hexe« mitsummend, räkelte sie sich aus ihren graubeigen Hosen und begutachtete die roten Nahtstriemen auf ihren Oberschenkeln. Egal. Sie wählte ein rosa Babydollkleid. Unter dem Polyester zeichnete sich ihre Unterwäsche leicht ab. Und wenn schon, es wurde ja bald dunkel.

Im Hafenrestaurant Kitchen Bar ergatterte sie gerade noch den letzten Tisch für zwei. Auf ihre siegesgewisse Frage nach einer Reservierung unter dem Namen Nikos

Floros hin hatte die Kellnerin bloß erstaunt verneinend gelächelt. Nun saß sie eingekeilt zwischen vier lärmenden jungen Männern – typisch griechisch mit ihrem lauten Geplapper, den pummeligen Bäuchen unter den spack sitzenden Hemden und den fahlen Gesichtern – und einem Paar, das erwartungsvoll mit Champagner anstieß und dabei trocken und geheimnisvoll kicherte. Die rosigen Wangen der Frau, ihre perfekt gezupften Augenbrauen, das Diamantglitzern an ihrem Finger versetzten Marlena einen Stich.

Immerhin saß sie mit Blick auf das Meer. Ihr gegenüber würde Nikos sitzen. Das Beste für die, die sich lieben, ist ein Sitz einander gegenüber, hieß es bei Homer, oder so ähnlich. Das Nachtlicht nahm Marlenas Teint den Olivstich und ließ ihre Augen funkeln. Voller Vorfreude bestellte sie sich einen Cocktail – Negroni stand in der Karte, das klang schick – und rückte sich in den dicken Kissen der Sitzbank zurecht. Nikos verspätete sich bereits um zehn Minuten. Nun, dann konnte sie ihn wenigstens fröhlich angeschwipst empfangen. Sie knabberte an einem Cracker und schielte auf die Gerichte des Paares am Nebentisch: schwarz glänzende Miesmuscheln, Sardinchen, rötliche Garnelen – das würde sie sich auch bestellen.

Inzwischen war eine halbe Stunde vergangen. Wo Nikos nur blieb? Sicherlich fand er keinen Parkplatz. Nach fünfundvierzig Minuten wurde Marlena unruhig. Gerne hätte sie jetzt die Zeit mit der eleganten Geste des Zigarettenrauchens gefüllt, doch sie hatte Sorge, dass die Zigarette zusammen mit dem Schatten um ihren Mund unweiblich wirken könnte. Da! In der Ferne kam eine zierliche Männergestalt auf das Restaurant zu. Na endlich. Doch beim

Näherkommen stellte sich heraus, dass »er« eine junge Frau im Schlabberhemd war. Wie entwürdigend. Mit einem wütenden Schnauben dachte sie an Nikos' Steckenbeine, die dünne Nase mit den riesigen Nasenlöchern. Morgen würde sie ihm auf der Arbeit begegnen und so tun müssen, als sei nichts geschehen, ihm gelbfleckige Papiere auf den Tisch legen und zusehen müssen, wie sich sein alberner Kraushaarkopf darüber beugen und seine krallige Hand langsam, endlos langsam seine Unterschrift unter die Briefe setzen würde. Sie kippte den Cocktail hinunter und bestellte sich einen neuen. Nach dem vierten wurde ihr schwindelig, und sie bekam Hunger. Über zwei Stunden saß sie schon hier, die Männer neben ihr grölten immer lauter, das Paar war untergehakt verschwunden und hatte den Tisch für einen älteren Herrn freigegeben. Schließlich beugte der sich zu ihr herüber und glotzte zuerst anzüglich in ihr Dekolleté und dann blöd grinsend auf ihre Nase: »Na, Mytia, Lust, noch weiterzuziehen?« Zeit zu gehen.

Zu Hause bestellte Marlena bei Domino's eine Pizza mit Loukanika. Der Teig war dick mit Käse belegt, beim Essen tropfte etwas Fett auf ihr Kleid. Draußen auf dem langen, schmalen Balkon hing ihre Wäsche seit dem Morgen zum Trocknen, und aus der Dunkelheit wehte eine Brise den Geruch nach Seife heran. Die gleiche Seife, mit der ihre Großmutter die Wäsche gewaschen hatte, ihre geliebte Großmutter, deren Garten ihr so sehr fehlte. Wäscheleinen und Tomatenstauden in der Mittagshitze. Damals war Marlenas Haut stets klebrig vom Salzwasser gewesen. Mittags hatte sie im schattigen Wohnzimmer Baywatch geschaut, Sahnetorte mit Aprikosen gegessen und dabei Gymnastik gemacht, um so auszusehen wie Pamela Anderson, zumindest an den Beinen. Ja, in jenen Sommern hatte sie sich tatsächlich ein wenig so gefühlt, ausgeruht, braun gebrannt und muskulös.

Vielleicht meldete er sich ja noch. Aber wer denn eigentlich? Nikos, das Dünnbein? Angelos? Ja, Angelos … mit seinen Pfauen würde er rauschend angeflogen kommen, durch die Scheiben brechen und sie forttragen wie Dionysos einst die von Theseus auf der Insel Naxos sitzen gelassene Ariadne. Marlena tat der Magen weh, sie stand auf und ging ins Badezimmer, um den Käsegeschmack aus ihrem Mund zu spülen. Im fahlen Neonlicht blickte ihr Spiegelbild ihr entgegen, blass, mit fettglänzendem Mund. War sie nicht auch begehrenswert wie die lachende, duftende Frau heute Morgen? Wie die Braut mit dem Blumenkranz aus Gold? Ja, doch … Nein, nein, schrie eine Stimme in ihr, du bist hässlich, fett, ungeschickt. Ein trockenes Schluchzen bahnte sich seinen Weg durch ihre Kehle, es klang wie ein Rülpsen. Und dennoch … Hatte nicht auch sie es verdient, dass ein Gott sie aus ihrer misslichen Lage, aus ihrem unglücklichen Dämmerschlaf rettete? Ihr Schluchzen wurde zum Krächzen, dann zu einem tiefen Jaulen.

Marlena ließ sich auf den Boden sinken und drückte ihre Stirn gegen die kühlen Kacheln. Aber morgen, wenn die Sonne wieder aufging, nicht wahr? Da würde alles anders, alles neu. Morgen … kommt ein Bräutigam, größer als Ares … die Augen seiner Braut weicher noch als Honig … Draußen zog die Tonspur der Nacht vorüber, Gläserklirren irgendwo, das Geräusch von Mopeds, Frauenlachen, grölende Jugendliche, Hundegebell. Sie hob ihren Kopf und ließ ihn mit einem Ruck zurück auf die Kacheln krachen, schmeckte Blut im Mund, das aus ihrer Nase lief. Ihrer verdammten Vogelnase. Plötzlich vibrierte das Handy auf dem Tisch. Schrill erklang der Klingelton, den Marlena nur besonderen Kontakten zuwies.

Miramare

Als Harry Lipschitz seinen 53. Geburtstag feierte, sagte er sich nach der zweiten Flasche Champagner: »Du musst schon zäh wie Schifferscheiße sein, um 30 Jahre Pech wegzustecken. Harry, irgendwann reißt auch die dickste Strähne. Ab heute kann es nur noch aufwärts gehen.« Gerade da taumelte die Blondine, die er sich zur Feier des Tages zusammen mit dem Zimmer im Krasnapolsky geleistet hatte, aus dem Bad, murmelte »Ich glaub, in dem Stoff war zu viel Waschpulver«, und kotzte das Bett voll. Später bekam Harry einen schweren Anfall von Sodbrennen, und während er auf der Couch lag und dem verdammten Glockenspiel zuhörte, dachte er, dass er in Amsterdam noch nie viel Glück gehabt hatte, und als am nächsten Tag der Geschäftsführer auf Barzahlung bestand, wusste er, dass die Strähne noch ganz schön dick war. Dabei konnte er es dem Mann nicht mal übel nehmen. Von sich hätte Harry Lipschitz auch keinen Scheck akzeptiert.

Ein halbes Jahr später – inzwischen war es November – musste Harry auf einem Polizeirevier einige unangenehme Fragen über sich ergehen lassen. Abgesehen davon, dass es sich bei dem Revier um die Questura von Genua handelte, war daran nichts Außergewöhnliches. Was Harry in Harnisch brachte, war die Tatsache, dass er es war, der

Grund zur Beschwerde, wenn nicht zur Anklage – ganz zu schweigen von unangenehmen Fragen – gehabt hätte. Oder in welcher zivilisierten Stadt schien es an der Tagesordnung zu sein, dass man seinen Wagen in einer belebten Geschäftsstraße parkte und ihn bei der Rückkehr vom Abendessen, gegen 20 Uhr, mit eingeschlagener Fensterscheibe und entwendetem Radio vorfand, höhnisch angegafft von den vorbeiflanierenden Bürgern?

»Was Ihren Fall für uns interessant macht, Herr Lipschitz, ist nicht der Diebstahl Ihres Radios, sondern der Umstand, dass Sie sich dagegen wehren, diesen Diebstahl zur Anzeige zu bringen«, ließ der zuständige Polizeibeamte für Harry übersetzen. Harry hatte aus Gewohnheit auf einem Übersetzer bestanden, obwohl es sich rein rechtlich ja keineswegs um ein Verhör handelte; aber nach 30 Jahren Pechsträhne musste er in seinem Metier mit allem rechnen. Der Übersetzer war einige Jahre älter als Harry und erinnerte mit seinem abgetragenen schwarzen Anzug an einen evangelischen Pastor – allerdings von der Sorte, von der man sich lieber beerdigen als taufen lässt. Das Vernehmungszimmer war noch um einiges schäbiger als die meisten, die Harry kannte. Bei der Polizei machten die Italiener auf Sparta. Das Fenster, das zur Straße lag, war nicht nur vergittert, sondern auch mit Stahlplatten gesichert, und die beiden Zivilfahnder, denen Harry es zu verdanken hatte, dass er hier saß, hätten ohne ihre kugelsicheren Westen und Schulterhalfter in dem düsteren Licht wie eingefangene Strauchdiebe gewirkt. Es war lausig kalt, aber Harry fing an zu schwitzen.

»Von Wehren kann keine Rede sein. Ich wollte Ihren

Leuten nur unnütze Arbeit ersparen. Bei den Problemen, die Sie offenbar haben ...«

Anstatt zu übersetzen, tuschelte der Übersetzer mit einem der Zivilfahnder – es war der mit dem Stoppelbart und der Knoblauchfahne, der als Erster bei Harrys Wagen aufgetaucht war und auf der Fahrt zur Questura neben ihm auf den Glassplittern gesessen hatte, zweifellos um zu verhindern, dass Harry auch noch mit dem Genueser Straßenverkehr kollidierte –, der dann das Zimmer verließ. Der Beamte hinter dem Schreibtisch blätterte in Harrys Pass, wobei er am Stummel seiner Zigarette eine frische anmachte. Er machte sich nicht die Mühe, die Asche von dem Dokument zu pusten. Seine Augen hinter der billigen Hornbrille musterten Harry wie etwas, das auch nicht viel wertvoller als eine Aschenflocke war.

»Als Geschäftsmann sollten Sie doch wissen, dass Ihre Versicherung nur dann für den Schaden aufkommt, wenn Sie ein polizeiliches Protokoll vorlegen können«, ließ er Harry belehren. »Oder laufen Ihre Geschäfte so gut, dass Sie solche Kosten aus eigener Tasche bezahlen können?« Und dann kam natürlich die Frage, die sie alle irgendwann stellten, und für die keiner von ihnen je einen Übersetzer brauchte, weil sie in allen Sprachen gleich ekelhaft klang: *»What is your business, Mister Lipschitz?«*

In der Nacht schien das Wetter umzuschlagen, und wie immer halfen dann auch keine Schlaftabletten. Harry lag auf dem schmalen Eisenbett in dem engen Zimmer des Hotels auf der Via Gramsci mit Blick auf die Silos von Genua, trank Vecchia Romagna aus dem Zahnputzglas, das er vorher vergeblich zu reinigen versucht hatte, und las die *International Daily News.* Er war schon eine Ewigkeit nicht mehr in Italien gewesen, aber die *News* hatte er auch in Palma de Mallorca und Tanger und Athen gelesen, und sicher bekam man sie auch noch in Beirut, obwohl Harry hoffte, dass seine Pechsträhne nicht so lange halten würde, dass er noch einmal nach Beirut musste. Er überflog den Wetter-Report: Berlin 7 Grad klar, Buenos Aires 26 Grad Regen, Hongkong 26 Grad bewölkt, Moskau 0 Grad bewölkt, New York 19 Grad Regen, Singapur 30 Grad heiter. Er hätte den kleinen Finger seiner linken Hand dafür gegeben, jetzt im Raffles einen Singapur Sling zu schlürfen, aber ihm war klar, dass dafür nicht nur eine unglaubliche Glückssträhne notwendig war, sondern Harry Lipschitz praktisch ein neuer Mensch werden musste. Er schlug die Seite um. Mit 53 schrieb man noch keine Hoffnung ab und ließ auch keinen Traum aus, aber man nahm das Bett mit der Matratze, auf der schon eine Armada von Handelsreisenden geschlafen hatte, und trank aus dem Zahnputzglas, in dem sie ihre Gebisse gereinigt hatten. Harry warf einen Blick auf die Comics und stellte fest, dass es Rip Kirby nicht mehr gab – die Welt wurde nicht kleiner, wie die Leute behaupteten, sondern mit jedem vertrauten Fixpunkt, der verschwand, wurden die weißen Flecken immer größer. Schließlich blieb das Horoskop: »Bei einer wichtigen Begegnung werden kleine Blitze der Inspiration Sie dazu bringen, in einer schwierigen Situation die richtigen Schritte zu unternehmen.« So viel zu gestern.

Harry genehmigte sich noch einen Tropfen. Der Wind rüttelte an den Fensterläden. Laster rollten auf der Schnellstraße, und die Mädchen unten waren auch noch bei der Arbeit. Sollte er sich eins holen? Er betrachtete seine Hände. Zwischen zwei Knöcheln war die Haut schon seit Wochen unnatürlich gerötet. Er tastete sie vorsichtig ab. Womit fing der Tod an? Oder war das schon eine Art Tod – das quietschende Bett, das Zahnputzglas, die zersplitterte Wagenscheibe, die Stahlplatten in dem Vernehmungszimmer mit dem Pastor und dem Zivilfahnder, der von draußen reinkam, den Chef ansah und den Kopf schüttelte – *»you can go now, Mr Lipschitz?«* Und dann, als er schon mit dem Pass und den Wagenpapieren und dem lächerlichen Protokoll an der Tür war: »Moment noch, Mr Lipschitz. Die das gemacht haben, waren wahrscheinlich Rauschgiftsüchtige. Die verhökern so ein Radio für eine Prise Heroin, verstehen Sie? Wir mögen das auch nicht, aber noch weniger mögen wir die Leute, die ihnen das Heroin verschaffen.« Dann, mit erhobenen Armen, Zigarette im Mundwinkel: »Es gibt viele Desperados in Genua, Mr Lipschitz.« Er nahm die Kippe aus dem Mund, betrachtete sie angeekelt und entblößte seine gelben Zähne: »Aber Sie sind ja Geschäftsmann. Arrivederci, Signor Lipschitz!«

Der Vecchia schmeckte wie mit Paraffin gepanscht. Halb drei. Heute war der dritte Tag. Wenn sie heute nicht Kontakt aufnahmen, konnte er am Montag die Scheibe ersetzen lassen und zurückfahren. Was war er schon? Der Vermittler? Für 2000 Mark? Zwei Riesen und drei Tage Genua, Harry. Sie sehen aus, als ob Ihnen ein bisschen Sonne guttut. Ganz harmloser Job. Ganz auf Ihrer Linie, Harry. Übermittlung. Wenn die Leute sich nicht rühren, bringen Sie den Umschlag einfach wieder her. Umgehend, natürlich. Nein, Harry, wir wissen doch, dass Sie nichts mit Drogen machen. Politik? Aber Harry! Was haben wir denn mit Politik zu tun! Wir sind doch Geschäftsleute – genau wie Sie. Wir sind Partner. 30 Jahre in der Branche, was? Der gute alte Harry Lipschitz. Nehmen Sie Ihren eigenen Wagen, Harry, und leisten Sie sich für die Flugspesen was Nettes.

Harry stand auf und öffnete das Fenster. Die Mädchen waren verschwunden, es gab nur noch die Schatten der Schiffe und die Lichter auf der Straße und drüben unter den Bäumen einen Mann, der ein starkes Interesse an seinen Schnürsenkeln hatte. Er kam Harry irgendwie bekannt vor. Aber im Dunkeln sehen die meisten Männer wie Strauchdiebe aus.

An jedem der drei Tage waren drei mögliche Treffs verabredet: Vormittags im Café Continental, mittags im Restaurant Cristoforo Colombo und abends in der Bar San Francisco. Punkt elf Uhr saß Harry Lipschitz links neben dem Eingang im Continental und beobachtete über den Rand der *News* die Gäste. Das Wetter hatte umgeschlagen, es war kälter, und der Himmel war grau und dunstig. Die Männer trugen gesteppte Lederjacken, unter denen das Hemd aber noch bis zum dritten Knopf geöffnet war, die Frauen Kunstpelze und hohe Stiefel. Das Continental war ein ziemlich schäbiges Café mit Musikbox und einem dieser neumodischen »Krieg der Sterne«-Flipper. Hinten am Fernseher besprachen die Stammkunden die nachmittäglichen Fußballspiele. Dem Lärmpegel nach schossen sie auch schon die ersten Tore. Ein kleines Mädchen, das eine

Brille trug, die sein Schielen korrigieren sollte, sang jeden Schlager mit. Manchmal lächelte es Harry zu, als hätte es durchschaut, dass er gar nicht an seiner Zeitung interessiert war. Dann lächelte er – nur für das Mädchen wahrnehmbar – zurück und nahm einen kleinen Schluck von seinem Campari.

Harry Lipschitz war ein Mann, der in keiner Lokalität der westlichen Welt, in der Weiße verkehrten, auffiel, und auch im Osten hätte er schon weit in die Taigas und Tundren, in die Salzwüsten und Subkontinente vordringen müssen. Er hatte die natürliche Eigenschaft, mit der jeweiligen Umgebung so zu harmonisieren, dass er überall für einen Eingeborenen gehalten wurde – und zwar für einen jener nie besonders jungen oder besonders alten, besonders bemerkenswerten oder besonders abstoßenden Männer, die zu solchen Örtlichkeiten zu gehören scheinen wie bestimmte Stühle, auf die man sich nur setzt, wenn sonst nichts frei ist, oder bestimmte Bilder an den Wänden, die man beim Betrachten schon vergisst. Kommt man zufällig mit ihnen ins Gespräch, dann ist das, was sie sagen, immer so vernünftig und unscheinbar wie die Kleidung, mit der sie anscheinend geboren worden sind, und wenn man sich später an sie zu erinnern versucht (falls man dazu überhaupt einen Anlass hat), dann fallen einem meist nur Nebensächlichkeiten wie der altmodische Siegelring oder die Schuppen auf dem Kragen ein und vielleicht noch das Rasierwasser, das zu einer Sorte gehört, die heute keine geschäftstüchtige Verkäuferin mehr empfiehlt. Auch die beiden anderen Deutschen, die an diesem Vormittag im Continental saßen, nahmen von Harry Lipschitz keine Notiz, und so entging ihnen auch, wie er manchmal bei ihrem Anblick das Gesicht verzog, als litte er unter einem abgebrochenen Weisheitszahn.

Vor Jahren hatte Harry einmal eine geschlagene Woche in einer Pension in Chelsea auf einen Ägypter gewartet, der ihm ein Angebot für einen Container mit einjährigem Scotch samt des Etiketts machen wollte, die den Fusel als zwölfjährigen *Rare Blend* auswiesen. Der Ägypter war, wie Harry dann erfuhr, bei einer Messerstecherei schwer verletzt worden, und Harry hatte große Mühe, bei einem Thailänder wenigstens den halben Preis für die Ware zu erzielen; aber in der einen Woche hatte er einen ganzen Packen Romane von Graham Greene gelesen, und seitdem teilte er Liebespaare in drei Kategorien ein: *Die Kraft und die Herrlichkeit, Schlachtfeld des Lebens* und *Das Ende einer Affäre.* Was bei den beiden Deutschen ablief, war eindeutig *Das Ende einer Affäre,* wobei noch die Frage war, ob es zu *Die Kraft und die Herrlichkeit* und *Schlachtfeld des Lebens* überhaupt gekommen war. Der Mann und das Mädchen mochten beide nicht älter als 30 sein, hatten aber die schweren Bewegungen und apathischen Gesichtszüge von Menschen, die auf ärztliche Anordnung ihre Kräfte so sparsam einsetzen müssen, dass das Ausdrücken einer Zigarette sie zum Atemholen zwingt und eine Bestellung beim Kellner an eine Testamentsänderung beim Familienanwalt erinnert. Harry war dankbar für die Musikbox, den Fußball, den Krieg der Sterne, um nicht hören zu müssen, was sie sich zu sagen hatten, aber am dankbarsten war er dafür, Junggeselle geblieben zu sein; bei all den Blessuren, die man in seinem Metier bekam, legte er keinen gesteigerten Wert auf die Art von Wunden, die nie verheilt.

Ein Kerl mit einem Gesicht, das von Säure entstellt schien, stand an der Theke und schäkerte mit der Bedienung. Er sah nicht so aus, als wüsste er, was Liebeskummer ist. Er warf dem Pärchen einen Blick zu und sagte etwas zu der Bedienung, die kicherte, während sie ihm einen Espresso hinstellte. Er schlürfte ihn geräuschvoll, wobei er Harry musterte, der ganz in seine Zeitung vertieft war. Dann trat ein elegant gekleideter weißhaariger Mann neben den Burschen und wechselte ein paar Worte mit ihm. Der Bursche stellte seine leere Tasse auf die Theke und verschwand nach draußen. Einen Augenblick später sah Harry, wie er an der Ampel in einen Fiat einstieg. Der Mann, der am Steuer saß, kam ihm bekannt vor: die Lederjacke, der Stoppelbart. »*And what is your business, Mr Lipschitz?*« Der junge Deutsche zwei Tische weiter sagte: »Und deswegen bin ich den ganzen Weg hierhergekommen!« Und ich, fragte sich Harry und zuckte zusammen, als draußen ein Schuss ertönte: Was soll ich sagen? Die Deutsche sagte: »Ich will jetzt gehen«, und alle im Café schienen verstanden zu haben und atmeten auf. Vielleicht war die Sprache von Liebenden, wie die Sprache des Verbrechens, überall verständlich. Polizeisirenen heulten auf und jagten vorbei. Der Säurekopf erschien wieder, und der weißhaarige Elegant gab ihm einen Grappa aus, bevor er ging. Harry beendete den Bericht des AP-Korrespondenten in Beirut (»›Was einen fertigmacht, ist, dass jeder eine Waffe hat‹, sagte Peter Rice, Verkaufschef einer britischen Spirituosenfirma. ›Jeder trägt eine, entweder in der Jacke oder im Gürtel, der seine maßgeschneiderte Hose hält‹«) und war schließlich bereit für seine nächste Tour – ein unscheinbarer Mann mittleren

Alters, der nach einem Rasierwasser roch, das längst aus der Mode war. Das schielende Mädchen blinzelte ihm zu, und Harry dachte: Lass dir Zeit, Kleines, dein Stern geht auch noch auf.

Wenn man im rückwärtigen Teil des Ristorante Cristoforo Colombo saß, hatte man aus den Fenstern einen guten Blick auf den Hügel über dem alten Hafen, auf dem das ehemalige Grand Hotel Miramare langsam verfiel. Harry faszinierte das Miramare wie seit Langem nichts mehr. Während er seine Gnocchi al pesto aß, betrachtete er immer wieder den alten Palazzo, aus dessen Fenster riesige Farne wie Arme eines grünen Polypen wuchsen und nach den Palmen im Garten griffen. Vom ersten Anblick an hatte das Miramare Harry in seinen Bann gezogen. Er war sogar den Hügel hochgefahren und hatte versucht, in den Palast hineinzukommen, aber nicht gewagt, am helllichten Tag über die Gartenmauer zu klettern. Auf den schweren, verrosteten Türen, die den Zugang versperrten, standen die üblichen Polit-Parolen, und auf eine hatte jemand einen stilisierten Phallus gemalt, und eine andere Hand (oder die gleiche?) hatte dazugepinselt: *Dio c'e.* Ob Gott nun hier war oder nicht, der Palast gehörte jetzt den Katzen und den Ratten, den Farnen und dem Ölkonsortium, und – dachte Harry – solange ich ihn anblicke, gehört er auch mir. Auch das Meer war längst aufgeteilt und verschachert, vergiftet und vermint, aber es gehörte immer noch denen, die es befuhren, und den Träumern. Ja, als er vom Miramare aufs Meer geblickt hatte und jetzt, als er mit einem Mundvoll Wein aufs Miramare blickte, das seine grün gesprenkelte

Fassade ins diesige, fast düstere Licht des Novembertags schmiegte, musste Harry Lipschitz zugeben, dass er nach 30 Jahren Schwindel immer noch der Träumer war, der eines Tages einfach abgehauen und in einer fremden Stadt auf einem fremden Kontinent aufgetaucht war und gesagt hatte: »Was ist? Gebt ihr mir keine Chance?« Und bis er begriffen hatte, dass man nach den Chancen nicht höflich fragte, sondern sie sich nahm, und außerdem die, von denen er geträumt hatte, alle vergeben waren, hatte er schon einige Schuhe abgelaufen auf dem Weg, den er seit 30 Jahren seine Pechsträhne nannte. Konnte ein Mann überhaupt 30 Jahre Pech haben? Harry wusste freilich, dass die Frage heißen musste: Konnte ein Mann 30 Jahre schwindeln? Und er wusste auch, er wusste es vor allem nachts, wenn das Bettgestell quietschte und der Kognak nach Paraffin schmeckte, dass die Antwort nicht nur lautete: Ja, er konnte 30 Jahre schwindeln und ja, er konnte dabei auch noch 30 Jahre Pech haben; nein, er wusste auch, dass es Zeit war zuzugeben, dass 30 Jahre Schwindel und Pech, Pech und Schwindel am Ende darauf hinauslaufen konnten, den Rest genauso abzumachen. Wer sich umsah, wusste doch Bescheid: Die freien Berufe starben aus. Aus dem Miramare wuchsen die Farne, und unten am alten Hafen lag *Sailor's Rest,* vernagelt und verkauft, und statt der Polit-Parolen und des Phallus und des *Dio c'e* verwitterte nur eine krakelige Schrift auf der verrammelten Tür: *Johnny where go now?*

13.35 Uhr. Noch eine Dreiviertelstunde. Bahnhof, Zeitung, Hotel, vielleicht eine Stunde unruhiger Schlaf. Warten. Das unnötige Duschen, die unnötige Rasur, der nötige Drink. Etwas Bewegung, die nirgendwohin führte, eine

Bar, die Zeitung, das unnötige Abendessen, die absolut notwendigen Drinks. Von 22.15 Uhr bis 23.15 Uhr im San Francisco, und diesmal würde er sich eine leisten (»Etwas Nettes, Harry«), vielleicht die Rothaarige mit dem Lollo-Busen und der Warze am Ohr. Der Kellner brachte einen anderen Fleischgang als den bestellten, aber Harry verzichtete auf eine Manifestation seines Unwillens: so blieb man nebensächlich wie die Fliegen. Er nahm einen Bissen – natürlich viel zu viel Marsala – und betrachtete das Bild an der Wand. Es stellte das Passagierschiff Augustus e Giulio Cesare der Italian Line dar, die See durchpflügend. Ein Beispiel für den naturalistischen Optimismus. Aber hatte der Maler den grünen, gischtgekräuselten Wellen nicht einen fast düsteren Ton verliehen? Vielleicht mussten auch Künstler Schwindler sein, immerhin hatten sie subtile Möglichkeiten des Protests, und wenn sie ihre Farben dazu benützten, verloren sie womöglich einen Auftrag, das Wohlwollen ihrer Mäzene oder ihre Frau, aber es war wenig wahrscheinlich, dass sie ein Mann, der sich Geschäftspartner nannte, mit einem versiegelten Umschlag, in dem sich tödliche Drogen oder Staatsgeheimnisse befinden konnten, nach Italien schickte (»Sie sehen aus, als ob Ihnen ein bisschen Sonne guttut«), wo man geradewegs in einer mit Stahlplatten gepanzerten Questura vor einem Vernehmungsoffizier landete, der durch den Zigarettenqualm suggerierte: »Es gibt viele Desperados in Genua, Mr Lipschitz.«

Die zwei, die jetzt das Lokal betraten, hätten sicher besser zum Desperado getaugt als Harry Lipschitz, doch *Das Ende einer Affäre* hatten sie immer noch nicht hinter sich. Pech, dachte Harry, konzentrierte sich aber aufs Essen und aufs Miramare. Der Wind bog die Wipfel der Palmen an die rostigen, vernarbten Wangen der Balkone, und die Sonne, die durch die Wolken über dem Hügel trat, ließ die Farne und Sträucher zwischen den verrotteten Jalousien der oberen Etagen fast silbrig glänzen. Harry Lipschitz sah sich in einem Smoking aus dem gemieteten Rolls steigen, an jedem Arm ein französisches Starlet. Scheiße, dachte er, nie. Die treiben ihren großen Schwindel längst woanders, und für Narren wie dich lassen sie ihre Ruine noch ein paar Jahre stehen. Es gab Träume, kümmerlich wie Brosamen, so wie jedes Miramare auch nur ein Schwindel war. Harry schob den Teller beiseite und winkte dem Kellner, der ihn geflissentlich übersah. Dafür blickte ihn die Deutsche an, indes ihr Begleiter mit einer Miene, die keinen großen Appetit, aber auch keine Spur von Liebeskummer enthielt, die Speisekarte durchging, und Harry dämmerte es, dass sie vielleicht der Kontakt waren.

Warum auch nicht? Er leerte seinen Wein. Eine gute Masche. Hatte er schließlich oft genug selbst gemacht. Perfekte Tarnung. Das Liebespaar als *Das Ende einer Affäre,* da sah doch jeder lieber weg. Und sie hatte auch den kühlen Blick unter dem Schirm ihrer Simpelfransen. Liebe, sowieso ein Schwindel, als Legende für den professionellen Schwindel. Die Drahtzieher schwindelten im Miramare, und die Marionetten schwindelten in den quietschenden Betten mit Blick auf die Silos. Jetzt wurden ihre Blicke immer eindeutiger, während er im Antipasto stocherte. Frutti di mare. Tutti frutti. Alles Früchtchen. Lipschitz hatte das Gefühl, als müsse er ganz Italien auskotzen, aber er wusste, dass es nur 30 Jahre Pech waren. Na ja, auch Italien hatte

Pech gehabt, und das schon länger als 30 Jahre. Jetzt rannten sie Amok auf den Straßen, Marionetten für die Drahtzieher, die Schwindler zockten in Abu Dhabi weiter, und die Ratten nagten am Miramare, bis das Ölkartell einen Betonpalast hochzog. Ganz klar, dachte er, sie ist der Kontakt, er die Staffage. Wie deutlich willst du denn noch werden, Schätzchen? Zeigst du uns gleich dein T-Shirt mit dem Aufdruck: I like Harry? Schicken Lipschitz auch noch eine Anfängerin. Er blickte auf das Plakat neben dem Ölbild. Der Zirkus war in der Stadt. Man sah das Plakat überall, Moira Orfei und ihre Elefanten, ein Prachtweib mit straff zurückgekämmten Haaren, einem enormen rosafarbenen Mund und einem jener Schönheitsmale auf der Wange, die mit Harrys Rasierwasser und dem Miramare aus der Mode gekommen waren. Ein guter Reklamemann könnte noch mehr aus dem Gesicht rausholen, dachte Harry. Moira Orfei, ein Name, der wie alles klingt, was die Jugend versprochen und das Leben nie gehalten hat. Harry Lipschitz, PR.

Er sah auf die Uhr. 14.10. In diesem Augenblick stand die Deutsche auf, nahm ihre Handtasche, blickte sich im Lokal um und ließ sich vom Kellner die Treppe zeigen, die zu den Toiletten führte. Der andere Teil von *Das Ende einer Affäre* hatte genug vom Antipasto und nuckelte am Zahnstocher. Hat auf einmal einen verdammt süffisanten Zug um den Mund, fand Harry. Der Kellner brachte endlich die Rechnung. Harry zahlte, schob die *News* in seine Manteltasche und ging schon auf den Ausgang zu, als er durch die Glastür den Polizeidolmetscher in seinem Pastorenanzug sah. Na, Harry, dachte er, was gestern gut war, kann auch heute nicht schaden. Lass blitzen. Er drehte sich rasch um, schlug sich mit der Hand an die Stirn, grinste töricht – »Ich alter Trottel vergess doch noch meine Beerdigung« – und nahm auf der Treppe drei Stufen auf einmal. Unten im Vorraum stand die Deutsche und schraubte gerade etwas auf, das wie ein Lippenstift aussah. Harry ließ es nicht darauf ankommen. Man konnte 30 Jahre Pech gehabt haben, aber man war doch 30 Jahre dabei gewesen. Er schlug ihr das Ding aus der Hand.

»Das brauchst du jetzt nicht, Schätzchen.«

Sie fauchte. »Verrückt geworden?«

»Möglich. Ihr solltet euch mal 'ne andre Nummer einfallen lassen. Eure ist schon reichlich passé.«

»Für Sie langt es noch. Geben Sie schon her.«

Harry machte die Tür zum Männerklo auf.

»Du wirst mir gleich dankbar sein, dass du es nicht hast.«

Er zog die Tür hinter sich zu und verriegelte. Macht der Pastor zwar mit links auf, aber erst mal ist die Kleine ja noch da. Durch das offene Klofenster sah er das Miramare. Es hatte angefangen zu regnen, und im Regen sah der alte Palazzo endgültig nur noch wie alles aus, was unterging, Städte, Schiffe, Hoffnungen.

Aber ich nicht, dachte Harry Lipschitz, als er in der Abstellkammer neben dem Klo, die er gestern entdeckt und mit einem Dietrich aufbekommen hatte, auf einem Weinfass stand und die Fensterluke öffnete, durch die er auf den Hinterhof kroch. Ich noch lange nicht, dachte er, als er zwei Ratten von den Mülltonnen scheuchte und vorsichtig über die Mauer kletterte. Lipschitz arbeitet wieder auf eigene Rechnung. Der alte Mann, der an der Mauer seinen Platz hatte mit dem Ofenrohr und dem Backblech, auf dem er Kastanien röstete, nickte Harry gelassen zu. Er war auch noch ein Freiberufler.

»Eh, warum so eilig, Signor?«

Harry sah auf der anderen Straßenseite das Zirkusplakat. *Moira Orfei und ihre Tiger.*

»Ich will die Zirkusvorstellung nicht verpassen.«

Der Alte lachte nur. Dann hielt auch schon ein Taxi, aber Harry Lipschitz hätte in diesem Augenblick seine ganze linke Hand dafür gegeben, wenn am Steuer nicht der Pastor und auf dem Rücksitz die Darsteller von *Das Ende einer Affäre* gesessen und der weibliche Star gesagt hätte: »Man sieht Ihnen den Desperado gar nicht an, Herr Lipschitz.«

Der Müßiggänger

Die meisten Menschen, ja fast alle, leben, wie es der Druck der äußeren Umstände bestimmt, und wenn auch einige, die sich in ihrer Haut nicht wohl fühlen, murren, weil sie unter anderen Verhältnissen vorgeblich eine bessere Figur abgegeben hätten, nimmt der größere Teil, wenn nicht heiter, so doch resigniert sein Schicksal hin. Wie Straßenbahnen fahren sie ohne Unterlass auf den ewig gleichen Geleisen hin und her, bis sie ihren Geist aufgeben und verschrottet werden. Selten findet man einen, der tapfer sein Leben in die eigenen Hände nimmt; und es lohnt sich, ihn genauer anzusehen, wenn man auf so jemanden stößt.

Daher lag mir daran, Thomas Wilson zu treffen, der sich in ein kühnes und aufregendes Unternehmen gestürzt hatte. Natürlich war sein Experiment noch nicht zu Ende, und vorher durfte man es nicht als erfolgreich bezeichnen. Aber nach allem, was ich hörte, musste er ein merkwürdiger Bursche sein, den ich gerne kennenlernen wollte. Er galt als sehr zurückhaltend, doch ich hatte das Gefühl, dass ich durch Vorsicht und Geduld sein Vertrauen gewinnen würde. Ich musste die Geschichte von ihm selbst erfahren; die Leute übertreiben gerne und erzählen romantische Märchen, und ich erwartete, dass sein Fall nicht halb so ungewöhnlich sei, wie man mir weisgemacht hatte.

Dieser Eindruck verstärkte sich, als wir uns endlich begegneten. Ich verbrachte den August in der Villa eines Freundes auf Capri, wo kurz vor Sonnenuntergang auf der Piazza Einheimische und Fremde zu einem geruhsamen Schwatz in der Abendkühle zusammenkommen. Von einer Terrasse aus geht der Blick auf die Bucht von Neapel, und wenn die Sonne langsam ins Meer sinkt, zeichnet sich die Silhouette von Ischia vor einer Feuerwand ab – eines der schönsten Naturschauspiele in der ganzen Welt. Als ich mit meinem Freund und Gastgeber die Aussicht genoss, sagte er plötzlich:

»Du, dort ist Wilson.«

»Wo?«

»Der Mann auf dem Geländer, der uns den Rücken zukehrt. Er hat ein blaues Hemd an.«

Ich sah eine unauffällige Rückenpartie und einen kleinen Kopf mit dünnem, kurz geschnittenem, grauem Haar.

»Wenn er sich bloß umdrehen würde«, sagte ich.

»Das wird er gleich tun.«

»Dann frag ihn doch, ob er mit uns im Morgano einen Drink nimmt.«

»Gerne.«

Schon war der Augenblick berauschender Schönheit vorüber, die Sonne versank wie die Kuppe einer Orange im weinroten Meer. Wir wendeten uns ab und schauten, an die Balustrade gelehnt, den promenierenden Leuten zu. Alle schnatterten nach Kräften, ein herzerfrischender Lärm. Dann läutete die Kirchenglocke, ein wenig scheppernd zwar, aber mit einem hellen Nachklang. Die Piazza von Capri bildet mit dem Glockenturm über dem Fußweg, der vom Hafen heraufführt, und der an einer Freitreppe aufragenden Kirche die ideale Kulisse für eine Donizetti-Oper; man erwartete, dass die plappernde Menge jeden Augenblick einen schmetternden Chor anstimmte. Alles war reizvoll unwirklich. Die Szene fesselte mich so, dass ich gar nicht bemerkte, wie Wilson von der Balustrade her auf uns zuging. Als er vorbeikam, hielt ihn mein Freund an.

»Hallo, Wilson, ich sah Sie in letzter Zeit gar nicht beim Baden.«

»Ich war zur Abwechslung auf der anderen Seite.«

Mein Freund stellte mich vor, und Wilson reichte mir freundlich, aber unbeteiligt die Hand; so viele Touristen besuchen für ein paar Tage oder ein paar Wochen Capri, dass er gewiss dauernd kurzlebige Bekanntschaften machte. Mein Freund lud ihn zu einem Drink mit uns ein.

»Ich wollte gerade zum Abendessen.«

»Kann das nicht warten?«

Er lachte. »Ich glaube schon.«

Trotz seiner schlechten Zähne war sein freundliches, gütiges Lachen anziehend. Er trug ein blaues Baumwollhemd, graue, sehr zerknitterte und nicht sonderlich saubere Leinenhosen und uralte Espadrilles. Dieser malerische Aufzug passte ausgezeichnet zu der Umgebung und zum Wetter, aber keineswegs zu Wilsons langem, zerfurchtem, sonnenverbranntem Gesicht mit den schmalen Lippen, den kleinen grauen, eng beieinanderstehenden Augen und den straffen, klaren Zügen. Die grauen Haare hatte er sorgsam gebürstet. Sein Gesicht war nicht unattraktiv, ja, in seiner Jugend mochte er gut, wenn auch konventionell ausgesehen haben. Das am Kragen offen stehende Hemd und die grauen-

Hosen schienen nicht zu ihm zu gehören; er trug sie, als hätte er im Pyjama Schiffbruch erlitten und wäre von mitleidigen Fremden mit abgelegten Sachen ausgestattet worden. Ungeachtet seines lässigen Aufzugs wirkte er wie der Leiter einer Versicherungsfiliale, der eigentlich undenkbar ist ohne schwarzes Jackett, Pfeffer-und-Salz-Hosen, blütenweißes Hemd und tadellosen Binder. Ich sah mich schon bei ihm meinen Schadenersatzanspruch für eine verlorene Uhr anmelden und völlig verwirrt seine Fragen beantworten, da er bei aller Höflichkeit durchscheinen ließ, dass so einen Verlust nur Narren oder Spitzbuben ersetzt haben wollen.

Wir bummelten über die Piazza und die Straße hinunter bis zum Morgano, wo wir uns in den Garten setzten. Um uns herum sprach man russisch, deutsch, englisch und italienisch. Als wir etwas zu trinken bestellt hatten, watschelte Donna Lucia, die Frau des Wirts, herbei und begrüßte uns mit ihrer tiefen, melodischen Stimme. Obschon nun in gesetztem Alter und recht stattlich, bewahrte sie Spuren jener überwältigenden Schönheit, die vor dreißig Jahren die Maler zu unzähligen schlechten Porträts inspiriert hatte. Ihre großen runden Augen waren Heras Augen, in ihrem Lachen klangen Anmut und Güte. Wir drei plauderten eine Weile leichthin, denn Capri liefert immer irgendeinen Skandal als Gesprächsstoff. Bald stand Wilson auf und verabschiedete sich. Kurz danach schlenderten wir zum Haus meines Freundes hinauf zum Abendessen. Unterwegs fragte er mich, was ich von Wilson halte.

»Nichts«, sagte ich, »ich glaube kein Wort von deiner Geschichte.«

»Warum nicht?«

»Er ist nicht der Mann dazu.«

»Wer kennt schon seine Mitmenschen bis auf den Grund?«

»Ich halte Wilson für einen ganz gewöhnlichen Geschäftsmann, der sich mit einem netten Einkommen aus einer bombensicheren Kapitalanlage zur Ruhe gesetzt hat. Richtiger Capri-Klatsch, den du mir da aufgetischt hast.«

»Bitte, wie du willst«, sagte mein Freund.

Gewöhnlich badeten wir an einem Strand neben dem sogenannten Bad des Tiberius. Mit einem gemieteten Einspänner fuhren wir ein Stück die Straße entlang, dann wanderten wir durch Zitronenhaine und Weinberge, wo Zikaden zirpten und die Luft schwer war vom heißen Duft der Sonne, bis wir die Spitze einer Klippe erreichten, von der in steilen Serpentinen ein Weg zum Meer hinunterführte. Als wir, ein oder zwei Tage nach dem Zusammentreffen, fast unten angelangt waren, rief mein Freund: »Oh, Wilson ist wieder da.«

Wir stapften über den steinigen Strand, an dem man zum vollkommenen Glück nur den Sand vermisste. Wilson sah uns ankeuchen und winkte. Er stand in der Badehose da und rauchte eine Pfeife, sein Körper war dunkelbraun, schlank, aber nicht ausgemergelt, und im Vergleich zu seinen Runzeln und seinem grauen Haar jugendlich. Erhitzt von unserem Marsch zogen wir uns rasch aus und stürzten sofort ins Wasser, das am Ufer schon zehn Meter tief und so klar war, dass man bis auf den Grund sah. Trotz seiner Wärme erfrischte es.

Als ich herausstieg, lag Wilson bäuchlings auf einem

Handtuch und las. Ich zündete mir eine Zigarette an und setzte mich zu ihm.

»Gut geschwommen?«, fragte er.

Er steckte seine Pfeife als Lesezeichen zwischen die Seiten, schloss das Buch und legte es neben sich auf die Steine. Ohne Zweifel wollte er sich unterhalten.

»Herrlich«, sagte ich, »auf der ganzen Welt gibt's nichts Vergleichbares.«

»Das da halten die Leute natürlich für das Bad des Tiberius.« Er zeigte auf einige unförmige Mauerreste, die aus dem Wasser ragten. »Aber das ist Unfug. Die Mauern stammen, wie Sie sicher wissen, von einer seiner Villen.«

Ich wusste es, doch man muss die Leute reden lassen, wenn sie der Mitteilungsdrang überfällt. So nimmt man sie für sich ein. Wilson lachte auf.

»Ein merkwürdiger Knabe, dieser Tiberius. Nur schade, dass angeblich alle diese Geschichten über ihn glatt erlogen sind.«

Und er schilderte mir das Leben des Tiberius von A bis Z. Da ich meinen Sueton kannte und auch Darstellungen der frühen römischen Kaiserzeit gelesen hatte, erfuhr ich nicht viel Neues, doch mir fiel auf, und ich sagte es ihm auch, dass er recht gut beschlagen war.

»Ja, als ich mich hier niederließ, interessierte ich mich dafür, und Zeit zum Lesen habe ich ja genug. An einem Platz wie hier, mit allen diesen Erinnerungen, wird Geschichte so gegenwärtig. Da fühlt man sich beinahe in die alten Zeiten zurückversetzt.«

Ich muss hier einflechten, dass wir uns im Jahr 1913 befanden. Die Welt war ein geruhsamer und angenehmer

Ort, und kein Mensch erwartete, irgendetwas könnte die Heiterkeit des Daseins stören.

»Wie lange sind Sie schon hier?«, fragte ich.

»Fünfzehn Jahre.« Er warf einen Blick auf das ruhige blaue Meer, und ein seltsam zärtliches Lächeln spielte um seine dünnen Lippen. »Ich verliebte mich Hals über Kopf in diesen Fleck Erde. Sicher haben Sie von jenem sagenumwobenen Deutschen gehört, der mit dem Boot von Neapel herüberkam, um hier Mittag zu essen und die Blaue Grotte zu besichtigen, und der vierzig Jahre dablieb; nun, bei mir war's nicht ganz so, aber es läuft aufs Gleiche hinaus. Bloß werden es in meinem Fall keine vierzig Jahre sein. Fünfundzwanzig. Das ist besser als gar nichts.«

Ich wartete auf Weiteres, denn diese Andeutungen ließen doch etwas Wahres an der außerordentlichen Geschichte vermuten, die ich über ihn gehört hatte. Aber in diesem Augenblick stieg triefend und stolz, dass er anderthalb Kilometer geschwommen war, mein Freund aus dem Wasser, und die Unterhaltung wandte sich anderen Themen zu.

Später traf ich Wilson verschiedentlich, teils auf der Piazza, teils am Strand. Er war liebenswürdig und höflich, plauderte gerne und erwies sich nicht bloß als genauer Kenner der Insel, sondern auch des benachbarten Festlands. Über die verschiedensten Sachgebiete hatte er eine Menge gelesen, insbesondere über römische Geschichte, die er erstaunlich beherrschte. Er besaß allerdings wenig Fantasie und eine bloß durchschnittliche Intelligenz. Er lachte viel, doch gedämpft, und freute sich an schlichten Späßchen: ein Mann ohne Profil. Ich vergaß nicht seine seltsame Bemerkung bei unserem ersten vertrauten Gespräch, aber er kam nie darauf zurück. Als mein Freund und ich einmal vom Baden zurückkehrten und auf der Piazza aus der Pferdedroschke stiegen, bestellten wir den Fahrer für fünf Uhr zu einem Ausflug nach Anacapri. Wir wollten den Monte Solaro besteigen, in unserer Lieblingstaverne zu Abend essen und im Mondlicht heimwandern; es war Vollmond und die Aussicht bei Nacht ganz einzigartig. Wilson, den wir mitgenommen hatten, um ihm den heißen und staubigen Weg zu ersparen, stand daneben, als wir mit dem Kutscher verhandelten, und aus purer Höflichkeit fragte ich ihn, ob er uns begleiten wolle.

»Ich lade Sie ein«, sagte ich.

»Ich komme gerne mit«, antwortete er.

Aber als wir zum Aufbruch rüsteten, fühlte sich mein Freund nicht wohl; er war sicher zu lange im Wasser geblieben und scheute nun den langen, ermüdenden Marsch. So zogen Wilson und ich allein los. Wir stiegen auf den Berg, genossen den weiten Blick und erreichten bei Einbruch der Nacht erhitzt, hungrig und durstig die Wirtschaft. Unser Abendessen hatten wir im Voraus bestellt. Es war sehr gut, denn Antonio kochte hervorragend, und der leichte Wein stammte aus seinem eigenen Weinberg. Man trank ihn wie Wasser, und zu den Makkaroni leerten wir die erste Flasche. Als die zweite zu Ende war, sahen wir das Leben in rosigen Farben. Wir saßen ganz allein in einer mit Trauben dicht behangenen Laube. Die Luft war zauberhaft mild, die Nacht ganz still. Das Mädchen brachte uns Bel Paese und eine Schüssel Feigen, ich bestellte noch Kaffee und Strega, den besten italienischen Likör. Wilson verschmähte meine Zigarre und zündete seine Pfeife an.

»Wir haben noch lange Zeit«, meinte er, »der Mond taucht erst in einer Stunde über dem Berg auf.«

»Mond hin oder her«, warf ich rasch ein, »natürlich haben wir lange Zeit. Das gehört zu Capris Reizen, dass sich niemand abhetzt.«

»Muße«, sagte er, »was wissen die Leute davon: Das Wertvollste, was ein Mensch besitzen kann, und sie sind so blöde, dass sie es nicht einmal für erstrebenswert halten. Arbeit? Sie arbeiten um der Arbeit willen, zu dumm, um zu begreifen, dass der Genuss der Muße das einzige Ziel der Arbeit ist.«

Unter dem Einfluss des Weins ergehen sich viele Menschen in allgemeinen Betrachtungen. Wilsons Theorien waren richtig, aber beim besten Willen nicht originell. Ich sagte nichts, sondern zündete meine Zigarre an.

»Es war Vollmond, als ich zum ersten Mal nach Capri kam«, fuhr er nachdenklich fort. »Es scheint, es war derselbe wie heute.«

»Es war derselbe«, bemerkte ich lächelnd.

Er feixte. Im Garten brannte als einziges Licht eine Öllampe, die über uns hing; das Essen hatte sie dürftig beleuchtet, aber jetzt verlockte sie zu vertraulichen Eröffnungen.

»So war's nicht gemeint. Ich wollte sagen, es hätte gestern sein können. Die fünfzehn Jahre sind mir wie ein Monat verflogen. Ich war vorher nie in Italien gewesen und nutzte damals meinen Sommerurlaub. Von Marseille fuhr ich mit dem Schiff nach Neapel und besuchte natürlich Pompeji und Paestum und noch ein oder zwei Sehenswürdigkeiten; dann kam ich für eine Woche hierher. Capri gefiel mir gleich, schon vom Meer aus, wie es immer näher rückte; und als wir von dem Dampfer in die kleinen Boote stiegen und am Kai landeten: diese plappernden Horden, die sich um das Gepäck balgten, und die Schlepper, die einen in ein Hotel schubsten, und die verfallenen Häuser der Marina und der Weg hinauf zu meiner Unterkunft und das Abendessen auf der Terrasse – ja, da hat's mich gepackt. Wirklich und nachhaltig. Ich wusste nicht mehr, wo mir der Kopf stand. Ich hatte noch nie Capri-Wein getrunken, sondern nur davon gehört; wahrscheinlich war ich darum etwas blau. Als alle zu Bett gegangen waren, blieb ich auf der Terrasse sitzen und betrachtete den Mond über dem Meer, eine große rote Rauchwolke stieg aus dem Vesuv. Heute weiß ich, was für ein Gepansche mir vorgesetzt wurde, von wegen Capri-Wein, aber damals schmeckte es mir. Und nicht der Wein machte mich trunken, sondern der Umriss der Insel, die redseligen Leute, der Mond und das Meer und der Oleander im Garten des Hotels. Ich hatte nie zuvor einen Oleander gesehen.«

Die lange Rede hatte ihm die Kehle ausgetrocknet. Er langte nach seinem Glas, aber es war leer. Ich bot ihm noch einen Strega an.

»Zu süßes Zeug. Wir nehmen lieber noch eine Flasche Wein. Viel vernünftiger, dieser reine Traubensaft, der einem nicht nachhängt.«

Ich bestellte noch eine Flasche und füllte die Gläser. Er nahm einen großen Schluck, seufzte wohlig auf und erzählte weiter.

»Am nächsten Morgen entdeckte ich unseren Badeplatz. Ganz nett, dort zu schwimmen, dachte ich. Dann erkundete ich die Insel und geriet, so ein Glück, mitten in ein Fest auf der Punta di Timberio. Ein Madonnenbild, Priester, Weihrauch schwingende Ministranten und dazu eine riesige Volksmenge, hübsch, begeistert, fröhlich, die meisten im Sonntagsstaat. Ich traf einen Engländer und fragte ihn, was das zu bedeuten habe. ›Oh, Auferstehung‹, sagte er, ›zumindest behauptet das die Katholische Kirche, aber das ist nur Tarnung. Es ist das Fest der Venus, ein heidnisches Fest, verstehen Sie? Aphrodite, die aus dem Meer steigt und so weiter.‹ Mir wurde ganz anders, als ich das hörte. Es versetzt uns so weit in die Vergangenheit zurück, nicht wahr? Später schlenderte ich einmal bei Nacht hinunter, um die großen Felsen, die Faraglioni, im Mondlicht zu sehen. Wenn das Schicksal mich weiterhin zum Bankdirektor bestimmt hatte, durfte es mich nicht diesen Spaziergang machen lassen.«

»Sie waren bei der Bank?«, fragte ich.

Ich hatte mich in seinem Beruf getäuscht, aber nur wenig.

»Ja. Leiter der York and City Bank an der Crawford Street. Das war praktisch, da ich Richtung Hendon wohnte. Siebenunddreißig Minuten brauchte ich ins Geschäft.«

Er zog an seiner Pfeife und zündete sie wieder an. »Das war meine letzte Nacht. Montag früh musste ich zurück in der Bank sein. Als ich die zwei riesigen, aus dem Wasser aufragenden Felsen im Mondlicht betrachtete, dazu die vielen kleinen Lichter der Fischerboote, alles so friedlich und so vollkommen schön, da fragte ich mich, warum ich denn zurück sollte. Schließlich war niemand auf mich angewiesen. Meine Frau war vier Jahre zuvor an einer Lungenentzündung gestorben, unsere Tochter hatte ich der Groß-mutter, der Mutter meiner Frau, in Obhut gegeben. Diese dumme Person kümmerte sich nicht richtig um die Kleine, sie kriegte Blutvergiftung, ein Bein wurde amputiert, aber sie konnten sie nicht retten, und das arme Kind starb.«

»Schrecklich«, sagte ich.

»Ja, das hat mich sehr mitgenommen damals, wenn auch nicht auf die gleiche Weise, wie wenn das Kind bei mir ge-lebt hätte, und im Grunde war es eine Erlösung. Welche Chancen hat schon ein Mädchen mit einem Holzbein? Ich trauerte auch um meine Frau, wir kamen sehr gut mit-einander aus, obgleich ich nicht weiß, ob das so geblieben wäre. Sie gehörte zu den Frauen, die sich immer nach der Meinung anderer Leute richten. Sie reiste nicht gerne, East-bourne war ihr Ferienideal. Stellen Sie sich vor, erst nach ihrem Tod fuhr ich zum ersten Mal über den Kanal.«

»Aber vermutlich haben Sie andere Verwandte, oder nicht?«

»Nein. Ich war das einzige Kind; mein Vater hatte einen Bruder, aber der ging schon vor meiner Geburt nach Aus-tralien. Ich glaube, niemand konnte einsamer sein auf die-ser Welt als ich, und es gab keinen triftigen Grund, warum ich nicht dem Zug meines Herzens folgen sollte. Damals war ich vierunddreißig.«

Fünfzehn Jahre sei er bereits auf der Insel, hatte er mir erzählt, also war er jetzt neunundvierzig, wie ich etwa ge-schätzt hatte.

»Ich habe seit meinem siebzehnten Lebensjahr ge-arbeitet. Und mich erwartete nur das ewig gleiche Einerlei bis zu meiner Pensionierung. Lohnt denn das?, fragte ich mich. Was konnte Unrechtes daran sein, wenn ich alles an den Nagel hängen und den Rest meines Lebens hier unten verbringen würde? Dies war das schönste Fleckchen Erde, das ich kannte. Aber als Geschäftsmann und von Natur aus vorsichtig sagte ich mir: Nein, du schlitterst da nicht einfach hinein, sondern fährst morgen wie geplant zurück und überlegst dir die Sache noch einmal, vielleicht stellt sie sich von London aus ganz anders dar. Ich Esel verlor ein ganzes Jahr dadurch.«

»Und Sie hielten an Ihrem Entschluss fest?«

»Aber ja! Solange ich arbeitete, dachte ich bloß an den Strand und die Weinberge, an die Spaziergänge über die Hügel, an den Mond und das Meer und an die Piazza, wo sich am Abend das ganze Dorf zu einem kleinen Plausch nach des Tages Arbeit einfindet. Nur ein einziges Problem beschäftigte mich: ob ich es verantworten könne, im Gegensatz zu allen anderen Leuten nichts zu tun. Da las ich eine Art historischen Roman von einem Mann namens Marion Crawford, worin etwas über Sybaris und Crotona stand. Das waren zwei Städte: In Sybaris genossen sie das Leben in vollen Zügen, und in Crotona schuftete man unermüdlich. Eines Tages überfielen die Crotoner Sybaris und zerstörten es, und nach einiger Zeit überfielen irgendwelche Halunken Crotona und zerstörten es. Nichts überdauerte von Sybaris, kein einziger Stein, und von Crotona blieb nur eine Säule. Das entschied für mich die Sache.«

»Hm?«

»Es ist doch genau aufs Gleiche hinausgelaufen. Und, im Nachhinein betrachtet, wer war der Dumme?«

Ich schwieg, und er sprach weiter.

»Das Geld machte mir natürlich Kopfzerbrechen, denn die Bank zahlte erst nach dreißig Jahren Dienstzeit eine Pension, gewährte aber eine Abfindung, wenn man vorher ausschied. Auch zusammen mit dem Verkaufserlös meines Hauses und den paar Ersparnissen reichte es nicht für eine lebenslängliche Rente. Ich wäre ja blöde gewesen, alles einem angenehmen Leben zu opfern, ohne die Mittel zu besitzen, es mir wirklich angenehm zu gestalten. Ich wollte ein Häuschen, einen dienstbaren Geist, der mir den Haushalt führte, Tabak, ordentliches Essen, hie und da ein Buch und einen kleinen Fonds für Notfälle. Ich wusste genau, wie viel ich brauchen würde, und rechnete aus, dass ich mir gerade eine Rente für fünfundzwanzig Jahre kaufen konnte.«

»Sie waren damals fünfunddreißig?«

»Ja. Damit hätte ich mein Auskommen bis sechzig. Wer weiß schon, ob er länger lebt, die meisten sterben in den Fünfzigern, und mit sechzig hat man ja das Beste hinter sich.«

»Aber stirbt man auch garantiert mit sechzig?«

»Vielleicht. Das hängt von uns selbst ab, meinen Sie nicht?«

»An Ihrer Stelle wäre ich bei der Bank geblieben, bis ich die Pension hätte beanspruchen können.«

»Mit siebenundvierzig also. Nicht zu alt, um hier das Leben zu genießen, ich bin jetzt schon darüber hinaus und genieße es wie eh und je, aber doch zu alt, dieses Abenteuer mit der Intensität der Jugend zu erleben. Natürlich kann man sich's mit fünfzig so herrlich wie mit dreißig einrichten, aber es ist nicht dasselbe. Ich wollte das vollkommene Leben leben im Vollbesitz meiner geistigen und körperlichen Kräfte, um das Maximum daraus zu ziehen. Fünfundzwanzig Jahre schienen eine lange Zeit und fünfundzwanzig Jahre Glückseligkeit einen ordentlichen Preis wert. Ich hatte beschlossen, ein Jahr zu warten; ich wartete ein Jahr, bat dann um meine Entlassung und kaufte, sobald ich meine Abfindung hatte, die Rente und kam hierher.«

»Eine Rente für fünfundzwanzig Jahre?«

»Sicher.«

»Und Sie haben es nie bereut?«

»Nie. Den Gegenwert meines Geldes hab ich schon erhalten, und zehn Jahre stehen mir noch bevor. Meinen Sie nicht, nach fünfundzwanzig Jahren ungetrübten Glücks sollte man zufrieden sein und nicht mehr verlangen?«

»Vielleicht.«

Er sprach sich nicht darüber aus, was er dann tun wollte, aber seine Absicht war klar. Was er mir anvertraut hatte, deckte sich mit der Geschichte, die mir mein Freund erzählt hatte, aber aus Wilsons eigenem Mund klang sie doch anders. Ich musterte ihn kurz: Es war wirklich nichts Ungewöhnliches an ihm. Niemand, der dieses feine, etwas konventionelle Gesicht sah, traute dem Mann etwas Außerordentliches zu. Ich machte ihm keinen Vorwurf; es war sein Leben, das er sich so seltsam zurechtgebastelt hatte – warum sollte er nicht damit anfangen, was ihm beliebte; dennoch kroch mir ein Schauder über den Rücken.

»Wird Ihnen kühl?«, fragte er lächelnd. »Wir könnten jetzt loszuckeln, der Mond wird aufgegangen sein.«

Bevor wir aufbrachen, fragte mich Wilson noch, ob ich nicht sein Haus sehen wollte, und zwei oder drei Tage darauf, als ich erfahren hatte, wo er wohnte, machte ich mich zu ihm auf. Ich fand eine Bauernhütte vor, ziemlich entfernt von der Stadt, in einem Weinberg, mit Aussicht auf das Meer. Neben der Haustür blühte verschwenderisch ein großer Oleander. Innen gab es nur zwei kleine Zimmer und eine winzige Küche mit einem Verschlag für Brennholz. Das Schlafzimmer glich einer Mönchszelle, während das angenehm nach Tabak riechende Wohnzimmer behaglich eingerichtet war mit zwei Lehnstühlen, die Wilson aus England mitgebracht hatte, einem mächtigen Rollschreibtisch, einem kleinen Klavier und übervollen Bücherregalen. An den Wänden hingen gerahmte Stiche nach Bildern von G. F. Watts und Lord Leighton. Wilson berichtete, die Hütte gehöre dem Besitzer des Weinbergs, der weiter oben in einem anderen Haus wohne und dessen Frau täglich die Zimmer und das Essen besorge. Während seines ersten Aufenthalts in Capri habe er diesen Platz ausfindig gemacht und ihn bei seiner Rückkehr gemietet: Seither lebe er dort.

Als ich das Instrument und die aufgeschlagenen Noten bemerkte, fragte ich Wilson, ob er Klavier spiele.

»Nur mäßig, aber ich liebe Musik seit Langem und klimpere mit großem Vergnügen.«

Er setzte sich ans Klavier und spielte einen Satz einer Beethoven-Sonate. Es war nicht sehr bedeutend. Ich blätterte die Noten durch: Schumann, Schubert, Beethoven, Bach und Chopin. Auf dem Esstisch entdeckte ich ein Paket abgenutzter Karten, und ich fragte ihn, ob er Patiencen lege.

»Oft.«

Nach allem, was ich von ihm sah und von anderen Leuten über ihn hörte, konnte ich mir wohl ein zutreffendes Bild seines Lebens in den letzten fünfzehn Jahren machen. Ein harmloses Leben: Er badete und wanderte viel und gewann sichtlich der Insel, die er so gut kannte, immer neue Schönheiten ab; er spielte Klavier, legte Patiencen und las. Einladungen schlug er nicht aus und zeigte sich als angenehmer, wenn auch ein bisschen farbloser Gast. Kümmerte man sich nicht um ihn, war er keineswegs beleidigt. Er mochte die Menschen, aber mit einer Distanz, die Intimität ausschloss. Er lebte schlicht, ohne auf Komfort zu verzichten, und schuldete niemandem eine Lira. Sex hatte ihn wahrscheinlich nie heftig beunruhigt, und wenn er früher ab und an mit einer Touristin, die in dieser Luft den Kopf verlor, eine Affäre gehabt haben mochte, dann blieb er ganz gewiss Herr über seine Gefühle. Nichts durfte seine völlige Unabhängigkeit beeinträchtigen. Seine einzige Leidenschaft war die Schönheit der Natur; so suchte er das Glück in den einfachen, kreatürlichen Dingen, die das Leben jedermann anbietet. Vielleicht sagen Sie: wie entsetzlich selbstsüchtig. Sicher, er nützte niemandem, aber er schadete auch niemandem. Er erstrebte bloß sein persönliches Glück und schien es sogar erreicht zu haben. Wenige wissen, wo sie ihr Glück suchen sollen, kaum einer findet es. War er ein Narr oder ein Weiser? Auf jeden Fall war er ein Mann, der wusste, was er wollte. Mich störte bloß seine aufreizende Durchschnittlichkeit. Niemals hätte ich einen zweiten Gedanken an ihn verschwendet, wäre er nicht, wie er mir angedeutet hatte, an einem bestimmten Tag in zehn Jahren gezwungen, von dieser so geliebten Welt Abschied zu nehmen, wenn nicht eine Krankheit ihm zufällig den

Lebensfaden vorher durchschnitt. Wahrscheinlich stachelte ihn diese Vorstellung, die ihm nie aus dem Sinn kam, zu jenem eigentümlichen Eifer an, mit dem er jede Sekunde des Tages ausschöpfte.

Es wäre ungerecht gegenüber Wilson, nicht darauf hinzuweisen, dass er im Allgemeinen nicht von sich zu sprechen pflegte. Nur meinem Freund, bei dem ich wohnte, hatte er sich anvertraut, und mir erzählte er seine Geschichte, weil er vermutete, ich kenne sie bereits; überdies hatte er an jenem Abend recht viel Wein getrunken.

Meine Ferien gingen zu Ende, und ich verließ die Insel. Im Jahr darauf brach der Krieg aus. Verschiedene Umstände gaben meinem Leben eine neue Richtung, so dass ich erst dreizehn Jahre später wieder nach Capri kam. Mein Freund war schon früher zurückgekehrt, hatte aber, da es ihm finanziell nicht mehr besonders gut ging, ein neues Haus bezogen, wo kein Platz für mich war; so stieg ich in einem Hotel ab. Er holte mich am Schiff ab, wir aßen zusammen, und ich fragte ihn beiläufig, wo eigentlich sein Haus genau liege.

»Du kennst es«, antwortete er, »es gehörte Wilson. Ich habe ein Zimmer angebaut und es mir sehr hübsch eingerichtet.«

Den Kopf voll von anderen Dingen, hatte ich Wilson jahrelang vergessen; jetzt überfiel mich mit einem leisen Schreck die Erinnerung. Die zehn Jahre, die er noch vor sich hatte, als ich ihn kennenlernte, mussten lange abgelaufen sein.

»Brachte er sich wirklich um?«

»Es ist eine recht traurige Geschichte.«

Wilsons Plan war gut, er besaß nur einen Fehler, den Wilson nicht einkalkulieren konnte. Er hatte übersehen, dass durch fünfundzwanzig Jahre ungetrübten Seelenfriedens und vollkommenen Glücks im Windschatten des Schicksals seine Charakterstärke immer mehr aufgeweicht würde. Der Wille braucht Hindernisse, um sich zu stählen; wenn er nie beansprucht wird, wenn alle Wünsche in Erfüllung gehen, weil sie sich im Rahmen des mühelos Erreichbaren halten, dann versagt der Wille den Dienst. Wer nur auf ebener Erde geht, dessen Muskeln bilden sich zurück und taugen nicht mehr zum Bergsteigen. Diese Betrachtungen sind banal, aber sei es. Als Wilsons Rente abgelaufen war, konnte er sich nicht aufraffen, Schluss zu machen und den Preis für diese lange Zeit heiterer Beschaulichkeit zu zahlen. Nach allem, was ich von meinem Freund und später von anderen erfuhr, denke ich nicht, dass es ihm an Mut gebrach, er konnte sich einfach nicht zu der Tat entschließen. Er schob sie von Tag zu Tag hinaus.

Da er so lange auf der Insel gelebt und seine Rechnungen immer prompt beglichen hatte, bekam er leicht Kredit; er hatte nie Geld geliehen und fand jetzt zahlreiche Bekannte, die er um kleine Summen angehen konnte. Auch seine Miete hatte er regelmäßig bezahlt, so dass der Hausbesitzer, dessen Frau Assunta ihm immer noch die Wirtschaft führte, den Dingen monatelang ihren Lauf ließ. Jedermann glaubte seiner Beteuerung, eine Verwandte von ihm sei gestorben und er stecke in momentaner Verlegenheit, da juristische Formalitäten die Anweisung des ihm zustehenden Erbes verzögerten. Mit diesem Trick hielt er sich ein gutes Jahr über Wasser, dann schrieben die Läden nicht mehr länger an, und niemand lieh ihm mehr das Geringste. Der Hausbesitzer forderte ihn auf auszuziehen, wenn er bis zu einem bestimmten Termin seine Mietschulden nicht abgetragen habe.

Am Tag, ehe die Frist abgelaufen war, zog sich Wilson in seine Schlafkammer zurück, verschloss Tür und Fenster, zog die Vorhänge zu und zündete eine Pfanne mit Holzkohle an. Als Assunta ihm am nächsten Morgen das Frühstück bereiten wollte, fand sie ihn bewusstlos, aber noch am Leben. In dem Zimmer war es zugig trotz der Abdichtungen: Besonders sorgfältig hatte Wilson nicht gearbeitet. Es schien, als ob er in letzter Sekunde ungeachtet der verzweifelten Lage an seiner Absicht irre geworden sei. Man schaffte ihn in bedenklichem Zustand ins Krankenhaus, und er erholte sich wieder; allerdings blieb, als Folge der Gasvergiftung oder des Schocks, ein geistiger Defekt zurück. Er war nicht verrückt, auf keinen Fall anstaltsreif, aber ganz offensichtlich stimmte es bei ihm nicht mehr.

»Ich habe ihn einmal besucht«, erzählte mein Freund, »und versuchte, ihn zum Sprechen zu bringen, aber er starrte mich bloß seltsam an, als erinnere er sich nicht recht an mich. Ein trostloses Bild, wie er da seit einer Woche unrasiert und mit grauen Stoppeln in seinem Bett lag; doch abgesehen von diesem seltsamen Ausdruck der Augen schien er ganz normal.«

»Was für ein seltsamer Ausdruck?«

»Ich weiß nicht, wie ich ihn beschreiben soll – verwirrt. Der Vergleich ist absurd, aber stell dir vor, du wirfst einen Stein in die Luft, und er fällt nicht herunter, sondern bleibt oben …«

»Nicht zu glauben.« Ich lachte.

»Das ist's, ungläubig schaute er mich an.«

Was sollte man mit Wilson anfangen? Er besaß kein Geld und konnte keines verdienen. Seine Habseligkeiten wurden verkauft, aber der Erlös deckte nicht einmal seine Schulden. Er war Engländer, und die italienischen Behörden lehnten die Verantwortung für ihn ab. Der britische Konsul in Neapel verfügte über keine Mittel für so einen Fall. Natürlich konnte man Wilson nach England zurückschicken, doch niemand wusste, was dort mit ihm geschehen sollte. Da erklärte Assunta, die Zugehfrau, er sei ein guter Herr und ein guter Mieter gewesen und habe, solange es ihm möglich war, ordentlich bezahlt; er könne im Holzschuppen ihres Hauses schlafen und bei ihnen mitessen. Dies wurde ihm vorgeschlagen, aber er reagierte nicht darauf. Als Assunta ihn im Krankenhaus abholte, folgte er ihr wortlos; er schien jeden eigenen Willen verloren zu haben. Jetzt versorgte sie ihn schon zwei Jahre.

»Es ist nicht gerade üppig«, fuhr mein Freund fort. »Sie haben ihm ein wackliges Feldbett aufgeschlagen mit ein paar Decken, aber der Raum hat kein Fenster – eine Eishöhle im Winter und ein Brutofen im Sommer. Und das Essen ist primitiv; du weißt, wie sich diese Bauern ernähren: am Sonntag Makkaroni und alle Schaltjahre einmal Fleisch.«

»Was treibt er denn die ganze Zeit?«

»Wandert auf den Hügeln herum. Ich wollte mich zwei- oder dreimal um ihn kümmern, doch es hat keinen Zweck: Sobald er einen sieht, rennt er davon wie ein Hase. Gelegentlich kommt Assunta herunter zu einem Schwatz, und dann gebe ich ihr etwas Geld, damit sie ihm Tabak kauft, aber wer weiß, ob er ihn je sieht.«

»Gehen sie wenigstens anständig mit ihm um?«, fragte ich.

»Die freundliche Assunta sicher; sie behandelt ihn wie ein Kind. Ihr Mann dagegen ist leider nicht sehr nett zu ihm. Ihn reuen die Kosten für Wilsons Unterhalt. Ich glaube nicht, dass er ihn schlägt, aber er packt ihn ein bisschen scharf an, lässt ihn Wasser holen, den Kuhstall putzen und so weiter.«

»Das klingt doch alles sehr misslich.«

»Er hat es sich selber eingebrockt. Schließlich erntet er bloß, was er gesät hat.«

»Ja, so geht es wohl uns allen«, sagte ich. »Aber das ändert nichts daran, dass es entsetzlich ist.«

Drei Tage später schlenderten mein Freund und ich auf einem schmalen Pfad durch den Olivenhain.

»Dort ist Wilson«, rief mein Freund plötzlich. »Weiter! Nicht hinsehen, sonst erschrickt er.«

Ich ging stur geradeaus, den Blick fest auf den Weg gerichtet, verfolgte aber aus den Augenwinkeln, wie sich ein Mann hinter einem Olivenbaum versteckte. Er rührte sich nicht, als wir näher kamen, doch spürte ich, dass er uns beobachtete. Sobald wir vorbei waren, hörten wir ein Rascheln: Wilson rannte wie ein gejagtes Tier davon. Das war das Letzte, was ich von ihm sah.

Voriges Jahr ist er gestorben. Sechs Jahre lang hatte er dieses Leben ausgehalten. Man fand ihn eines Morgens auf einem Hügel friedlich daliegen, als wäre er im Schlaf verschieden. Von dort oben schaut man auf die beiden aus dem

Meer ragenden Faraglioni herab. Es war Vollmond, er hatte sie wohl im Mondlicht sehen wollen. Vielleicht war er von der Schönheit dieses Anblicks überwältigt worden.

Diese verdammte Ähnlichkeit

In einer halben Stunde würde er hupen, zwei Mal, wie in einem amerikanischen Film, wenn der schlanke Typ seine Auserkorene aus den spießigen Fängen der Eltern befreit, die hinter der Gardine alles beobachten. Zwei Mal hupen, damit hatte er ihr früher Eindruck gemacht.

Sie holte einen Teebeutel aus dem Vorratsschrank, ertränkte ihn im kochenden Wasser.

Zwei Mal hupen, und Loik würde seinen Rucksack schultern, die Mütze tiefer ins Gesicht ziehen, Tschau rufen und gehen, ohne sie anzusehen, die Haustür zuknallen, und dann würde es still werden, sehr still und sehr leer.

Noch war er da.

Sie rief aus der Küche, nimm Schulzeug mit, nächste Woche hast du Bio, denk dran.

Keine Antwort.

Sie rührte mit dem Silberlöffelchen durch ihren Schwarztee, vermischte Milch und Honig, nahm einen Schluck, süß und bitter.

Sie rief, und sag Charly das wegen den Schuhen, du brauchst echt dringend neue.

Sie hörte Loik im Gang rumschlurfen, wie immer ratlos, unsicher, ein Außerirdischer, der weder hier noch dort war.

Dieses schlaksige Wesen ohne Ziel. Loik hatte keinen

Plan, was er mitnehmen sollte, jedes zweite Wochenende hatte er keine Ahnung, außer sein Handy, seine Mütze, sein Board. Ines zog den Beutel aus dem Wasser. Erinnerte sie an Tampons.

Er motzte, Schule, du immer mit der Schule, es ist Wochenende, chill mal.

Ines stöhnte bei chill mal, fehlte nur noch, nach dem Komma, Alte!

Aber Bio ist doch spannend, Blutkreislauf, der eine voll mit Sauerstoff, der andere nicht …

Mann, es nervt. Mein Blut fließt auch so.

Zwei Mal hupen, damit alle in der Siedlung wussten, Charly ist hier, und er ist der, der hupt, wenn er etwas will. Und der sich nicht an Regeln hält, auch nicht an Unterhaltszahlungen. Ines trat auf den Balkon, sah hinunter, wie er an seinem Volvo lehnte, eine Zigarette rauchte, in seiner verlotterten Lederjacke, sah, dass er zugelegt hatte, tatsächlich, also auch er, chill mal, Alter, dachte sie, verlierst langsam die Form. Da blickte er hinauf.

Sie erschrak. Sie hatte nicht gewollt, dass er sehen würde, wie sie ihn beobachtete.

Ihre Blicke trafen sich, sie hielt stand, rührte sich nicht, er guckte zu ihr, sie zurück. Beide bewegten sich nicht.

Pause. Standbild. Play.

Er warf die Zigarette weg, murkste sie mit seinem rechten Schuh ab, drehend auf der Glut, die sofort erloschen sein musste, und blickte zur Haustür.

Sie ging in die Küche zurück, schloss die Tür, berührte mit dem Finger die Erde im Topf des Basilikums auf dem Fenstersims. Sie gab ihm Wasser, sie rief, viel Spaß, dann bis morgen Abend.

Loik war längst weg.

Sie spähte nochmals durchs Fenster, sah Charly, sah Loik, sah, wie sie sich einen Clap gaben, diese beiden schlaksigen Männer, die mal beide ihre Wertvollsten gewesen waren und die nicht mehr nach oben sahen, die Türen des Autos zuschlugen, davonfuhren. Es hupte zwei Mal. Depp!

Die Sonne drängte sich um die Ecke vom Wohnblock gegenüber, schmiss einen messerscharfen hellen Strahl durchs Fenster auf den runden Tisch. Sie blieb im Nirgendwo zwischen Wand und Spüle stehen, trank den Tee leer, alle in der Stadt würden heute am Ufer des Sees entlangschlendern, Verliebte würden unsinnig viel küssen und einander Schwüre und Lügen in die Ohren flüstern, Kinder und Großeltern würden Schwäne füttern, dem Seifenblasenmann zuschauen, seine Blasen menschengroß durch die Luft wabernd, schillernd, von Staunen und traumtänzerischer Musik begleitet. Sie malte sich aus, in so einer Blase zu schweben und alles in diesem irisierenden Schimmer zu sehen. Vor den Restaurants würden Stühle ins Freie geräumt werden. Kinder würden mit kleinen Rollern durch den Kies schlingern, und Mütter würden ihnen hinterherrennen, und Väter würden dasselbe tun. Auf Instagram würden im Sekundentakt Fotos von Aperols im Gegenlicht gepostet werden, Kussmünder vor Seewasser, spiegelnde Sonnenbrillen in jungen Gesichtern.

Sie schrieb Karola, *wie wär's mit Weiberabend im Freien?*

Karolas erhobener Daumen kam schnell, sie saß wohl auch am Handy und wartete auf so etwas wie Lebensfreude von außen. *Am See?*

Ines schickte Daumen und Herzchen.

Karola schrieb, *hab Lilith dabei. Horst hat mich wieder mal versetzt. Drum vielleicht nicht zu spät. So um fünf?*

Dann halt mit Lilith, dachte Ines und schickte ein zwinkerndes Gesicht.

Hoffentlich würde Lilith nicht wieder eifersüchtig Karola in Beschlag nehmen und dauernd mit ihren schmutzigen Patschpfoten das Gesicht ihrer Mutter abtasten und mit beiden Händen deren Kopf umklammern und zu sich drehen und Küsschen geben. Das liebt sie, würde Karola sagen, mein Schmusekätzchen, meine Pimpernelle.

Dass Karola nicht merkte, welche Spielchen die Kleine mit ihr spielte. Wie sie von dieser süßen, viel zu bildhübschen, dunkelhaarigen, knopfaugigen Fünfjährigen manipuliert wurde. Zum Kotzen! Ihre Lust auf den Weiberabend verzog sich, wie Spaghettis im Mund von Loik.

Aber sie wollte raus. Also dann, Karola samt Nervensäge, besser als alleine sein.

Sie trödelte durch die Wohnung, das Umschalten von Mutter auf Mensch dauerte meistens bis zum dritten Kaffee. Sie hatte den loikfreien Samstag zu ihrem Freitag ernannt, an dem sie nichts musste. An dem sie sich bei Lena massieren ließ, um wieder mal gestreichelt zu werden, an dem sie auf den Markt ging, Mönchsbart einkaufte und jungen

Knoblauch, Tulpen von hier. Sie verbrachte ihre Samstage mit Smoothies, Sudokus, herabschauenden Hunden. Sie erzählte ihrer Frauenclique, das ist mein Wellnesstag. Und die Mütter unter ihnen sagten, der Vorteil, wenn man alleinerziehend ist, du hast alle zwei Wochen frei, wir nie.

Wir sind dauernd im Einsatz, twenty-four / seven.

Um fünf im Dampfschiff, einer Baracke am Ufer, mit bunten Stühlen, Indie-Sound, Couscous in Weckgläsern, dem besten Humus der Stadt, Blick auf den See. Sie sah Karola schon von Weitem, winkend, mit riesengroßer Sonnenbrille, Filmstarstyle. Als sie einander umarmten, so fest, als wären sie MBF, dabei waren sie einfach beide Singlemoms, Unwort für Ines, Lieblingswort von Karola, kreischte Lilith, sie habe sich Aua gemacht.

Ines bestellte an der Theke zwei Drinks, Aperol, was sonst, und sah, wie Karola übertrieben den Daumen ihrer Tochter ableckte und trocken blies.

Ines änderte ihre Bestellung, nur einen Aperol, für mich Gingerbeer. Der Mann hinter der Theke trug ein kurzärmeliges T-Shirt, dabei war es noch nicht so warm, aber er wusste schon, warum, Ines sah seine Arme an, seine Muskeln, seine Sehnen, und gab ihm Trinkgeld. Er grinste.

Auf ihrem Handy erschien eine Nachricht von Loik, *hab meine Spange vergessen, falls du …*

Sie schrieb zurück, *keine Zeit.*

Sie trug das Tablett an den Tisch, er wackelte, Karola redete drauflos, sie prosteten einander zu, Lilith grapschte nach den Gemüsechips, die Schale kippte um. Karola schob die Oliven zur Seite, die verschluckt sich sonst, und Lilith schrie, Oliven, Oliven! Karola seufzte und gab ihr eine, aber nicht reden, wenn du eine Olive im Mund hast, Lilith, ganz vorsichtig, da kann man ersticken, so ist gut.

Karola lachte, dieses überforderte, schrille, künstliche Wasbinichfüreinesupermomlachen. Sie sprang auf, wenn Lilith zu nah an den See rannte, sie gab ihr unsinnige Aufträge, such mal ganz weiße Kieselsteine, und Lilith brachte Zigarettenkippen. Karola holte aus ihrer Tasche Desinfektionsmittel, rieb die Händchen ihrer Tochter ein, die dann zu weinen begann, weil das brannte.

Ines trank ihr Bundaberg, holte eine weitere Runde, Karola sagte, die nächste zahle ich, dann erzählte sie von Horst, der eine andere habe, und wehe, der mache mit der Kinder. Das wäre das Mieseste, wenn er noch mal eine Familie gründen würde. Aber immerhin, Lilith ist und bleibt sein erstes Wunschkind, gell, Lililittelchen. Sie hat so viel von ihm, seine Ohren und seine Haut. Er ist immer bei mir. Das ist schon irre.

Karola kippte den Aperol in ihren großen Mund.

Dann fing sie an zu weinen, sie hatte bereits das dritte Glas getrunken, aber nicht gezahlt, Lilith war mittlerweile damit beschäftigt, Chips in den See zu werfen, Enten und Schwäne kamen näher. Sie vermisse ihn schon noch, den Horst, sie wisse auch nicht, was falsch gelaufen sei, sie würde ihn zurücknehmen. Mit all seinen Fehlern. So wie einen Lieblingspullover halt, den man aus der Reinigung abholt. Aber Horst und seine Trulla, voll die Karrieretussi …

Ines dachte nur, zum Glück kommt Horst nicht zurück,

dieser Schönling, dieser Angeber, und dass sie nie mehr mit Charly zusammen sein könnte. Seit sie sich vor vier Jahren von ihm getrennt hatte, redeten sie nicht mehr miteinander. Nur noch Sprachnachrichten und so.

Zum Glück wart ihr nicht verheiratet, ich habe jetzt die ganze Scheidungssache am Hals.

Dafür bekommst du auch Geld, jammer nicht. Ines prostete ihr zu.

Karola trank, fragte dann, und du, wie geht's dir so, ich rede immer nur von mir.

Ines sagte, super, ich fühle mich frei, Loik ist echt ein toller Junge, also fast schon ein Mann, der hat ja bereits Stimmbruch. Wenn er sauer ist, krächzt er, ich muss dann immer total lachen, was ihn noch mehr scheppern lässt. Echt, Junge sein ist glaub viel schlimmer als Mädchen. Vielleicht verstummen die Männer, weil sie in der Pubertät so grässlich klingen. Da verlernen sie das Reden.

Ines dachte, das klingt doch nach einer richtig tollen Mutter, was ich grad gesagt habe.

Karola nickte, Stimmbruch ist scheiße, Lilith wurde langsam müde, krabbelte auf Karolas Schoß, sah Ines zornig an und schlief dann ein, die eine Hand hatte sie unter den Pulli von Karola geschoben und knetete damit deren Busen, mit der anderen lutschte sie Daumen.

Die braucht das, sie ist so sinnlich. Meine Kleine.

Noch eine Runde.

Ines beschloss, nie mehr an ihrem kinderfreien Tag Mütter mit Kindern zu treffen. Auf dem Nachhauseweg musste sie an Loik denken, er hatte auch viel von Charly. Seine hellen

Augen mit den grünblauen Sprenkeln. Die O-Beine, die sie an Charly sexy fand, viel besser als X-Beine, O mussten es sein, und Loik hatte ihn auch, diesen Gang von einem Mann, der rumläuft, als hätte er den ganzen Tag auf einem Pferd verbracht und eine Kuhherde getrieben.

Als sie in die Wohnung zurückkam, ging sie in Loiks Zimmer.

Die Bettdecke fläzte zerwühlt über den Rand der Matratze auf den Boden, überall Schulhefte, leere Red-Bull-Dosen, an den Wänden Plakate von Bob Marley und Billie Eilish. Auf dem Regal Staub, unzählige *Drei-Fragezeichen*-Bände, seit Jahren nicht mehr berührt, ein Lego-Auto, zum Zehnten hatte er sich das gewünscht und wochenlang daran gebastelt. Er hat Ausdauer, hatte sie damals gedacht. Das Lego-Rettungsauto mit Bahre war für Ines der Rettungsanker, wenn sie befürchtete, dass Loik wie sein Vater werden könnte. Daneben sein Kaktus, er schien sich wohlzufühlen im Chaos und bildete einen kleinen Ableger. Ein stachliges Baby, das sich am Rand der Hauptkugel gebildet hatte.

Fenster auf, frische Nachtluft reinlassen, Dosen wegräumen, Bett machen, die Zahnspange zwischen Kissen und Krokodil. Knapp zehn Minuten, und aus Loiks Durcheinanderland wurde ein freundliches Bubenzimmer, einfach ohne Bub. Neben seinem Bett ein Foto von ihnen zu dritt. Auf dem Pedalo. Charly lachte breit, Loik sah aus, als wäre er seine Kopie, nur dreißig Jahre jünger.

Als er zur Welt gekommen war, meinte die Hebamme, der Vater ist eindeutig zu erkennen.

Charly sagte, starke Gene eben.

Nein, ein Trick der Natur, damit Väter ihre Kinder als ihre eigenen annehmen. Darum sehen Babys oft ihren Vätern ähnlich, aber das ändert sich im Lauf der Jahre.

Bei Loik nicht, bei Loik wurde es immer stärker. Vor Kurzem sah Ines nur seine Hände an, als sie beim Chinesen essen waren, wie er die Stäbchen hielt mit diesen langen, knochigen Fingern, sie sah die Hände und sah Charly. Immer öfter. Klarer. Unerträgliche Ähnlichkeit.

Jedes Mal wenn Loik ins Dadweekend zog, hatte Ines dieses Ritual in seinem Zimmer. Diesen Drang, sein kleines Leben in Ordnung zu bringen, seine Sachen zu berühren. Wenn er weg war, konnte sie ihm näher sein. Ohne Loik konnte sie Charly ausblenden. Sie nahm die Spange, machte das Licht aus, ging ins Bad, legte die Spange in ein Glas mit Reinigungstablette.

Ob Charly Sex hatte?

Ines hatte keinen mehr, schon länger. Karola war noch zu frisch getrennt, als dass sie sie schon danach fragen konnte. Wie machten das die Frauen mit ihren Kindern ohne Männer?

Callboys? Dildos? Tinder?

Ines hatte ein paar Affären gehabt, schon länger her, und jedes Mal kam es ihr vor, als betrüge sie ihn. Ihren Sohn.

Sie schlief mit der Hand zwischen ihren Schenkeln ein.

Dann Sonntag, diese verhassten Stillstandtage, diese viel zu stillen Tage, diese Happyfamilytage. Ines traute keinem

Sonntag. Sie hatte ihn zu ihrem Montag gemacht. Wenn Loik nicht daheim war, verschwand sie im Keller. Sie nannte ihn die Firma.

Im Radio lief *Haus am See*. Sie stellte es lauter, tanzte dazu, packte Handy und Laptop, sang, *ich suche neues Land mit unbekannten Straßen, fremde Gesichter, keiner kennt meinen Namen.*

Danach ging sie in die Firma. Vorbei an verschlossenen Türen, Düfte und Geräusche wahrnehmen und sich ausmalen, was für Menschen das waren. Diese junge Familie mit den Zwillingen, das Ehepaar mit dem Schrebergarten, diese seltsame Alte im Parterre, sie kannte ein paar von ihnen, niemanden näher.

Sie öffnete das Vorhängeschloss, schaltete das Licht in ihrem Abteil ein. Die Wände voller Regale, voller Schachteln, fein säuberlich mit der Etikettiermaschine angeschrieben, ein kleiner Tisch, Radio, Kaffeemaschine. Ein Glas mit Holzstäbchen verströmte Orange und Vanille, war gut gegen den modrigen Kellergeruch. Sie legte handgestrickte Häubchen und Söckchen aus zarter Bioschurwolle in kleine, weiße Kartonschachteln, ließ Herzchen aus Recyclingpapier drüberrieseln, schob das Seidenpapier zusammen, knotete karierte Bändelchen drum herum, eine doppelte Schleife, ein Kärtchen dran, *das Glück des Lebens in jeder Masche für dich, Elias, Katharina, Franz, Alana …* und wie sie alle hießen, die vor Kurzem geboren worden waren. Ihr Online-Handel wuchs mit jedem Monat, an dem sie Charly länger los war.

Ines hatte die Idee dazu nach Loiks Geburt, bei ihren

Spaziergängen mit dem quengelnden Baby, Jungs halt, Koliken, nicht zu beruhigen, Charly fertig mit den Nerven, nur noch am Rumschreien. Baby und Mann, beide viel zu laut, da war sie mit dem Baby im Tragetuch in den Park des Altersheims geflüchtet, die alten Kastanienbäume, die Ruhe mitten in der Stadt. Sie hatte die runzligen weißhaarigen Frauen, die auf Bänken im Schatten saßen, kennengelernt. Sah, wie sie strickten, Wollsocken für den Weihnachtsbazar.

Sie hatte gefragt, ob sie auch anderes stricken könnten. Mützchen, Jäckchen, Fäustlinge. In bunten Ringelmustern, in speziellen Farben, Currygelb und Pistaziengrün, Lavendelblau und Lindgrün, in Lebensbunt.

Sie konnten.

Ines hatte manchmal den Eindruck, die Frauen würden lächeln, während sie diese farbigen Reihen strickten, wie sie das Garn durch ihre alten Finger gleiten ließen und sich vielleicht daran erinnerten, wie sie selbst Babys hatten.

Ringel Reiherlei, handgemacht in diesem Land. Sie klebte die Adresse mit dem farbigen Sticker auf die Schachtel.

Sie kam sogar im Lokalfernsehen, weil auf einmal alle tollen Mütter ihren Kindern Mützchen von Ringel Reiherlei auf die Birne setzten.

Ines Meißner ist der Beweis für die Power von kreativen Müttern, dass man auch mit Baby noch Business machen kann, hatte die Moderatorin damals in die Kamera gesagt, und Charly hatte gemeint, dann kann ich mich ja jetzt zur Ruhe setzen. Was er eigentlich sowieso schon immer getan hatte.

Sie hörte aus dem hinteren Teil des Kellers die Flöte. Diese Melodien, die nach Heimweh und Einsamkeit klangen. Sie summte mit. Wenn sie sich einen Kaffee machte, dann brachte sie ihm auch einen in sein Abteil hinter dem Lattenrost.

Sie redeten nur wenig. Der schweigsame Mann mit dem faltigen Wurzelgesicht tunkte Zuckerstücke in den Kaffee und lächelte sie an.

Sie hatte mal gelesen, dass in antiken Gefäßen Tonspuren gefunden wurden, als wären beim Drehen der Lehmklumpen Geräusche mit hineingearbeitet worden. Sie wusste nicht, ob das stimmte, aber sie dachte, in meinen Stricksachen sind seine Flötentöne, sind die Stimmen der alten Frauen verwoben.

Loik kam wie immer zu spät am Sonntagabend zurück. Zigarettengeruch in seinen Kleidern. Er ließ seinen Rucksack im Gang liegen, das Skateboard lehnte er an die Wand, seine Schuhe landeten irgendwo schräg und quer auf dem Boden, wie frisch von den Füßen gefallen.

Hast du zu Abend gegessen?

Er nickte und holte sich Cornflakes aus dem Schrank, kippte Milch drüber, zu hastig, die Milch schwappte über den Schüsselrand auf den Tisch. Er schlürfte, feine Tröpfchen blieben an seiner Oberlippe hängen, in seinem Flaum von Haaren, die er sich vielleicht schon bald rasieren würde.

Dieser Mannmensch in ihrer Wohnung wurde ihr fremder. Er roch ungeduscht. Pubertierend. Willst du eine Wanne?

Er verschluckte sich fast. Ich wasch mich, wann's mir passt.

Heute Abend zum Beispiel, dann kannst du frisch in die neue Woche …

Ich mach ja, wollte ich eh, der Rauch nervt.

Mich auch.

Er schüttete nochmals Cornflakes in seine Schüssel.

Und sonst so? War's gut?

Er nickte, Halfpipe, super Sound, ließ auf seinem Handy Musik laufen, die hat Dad live gesehen.

Der hört solche Musik, echt?

Ja, macht er, der weiß, was läuft.

Sie staunte, wie gesprächig Loik war.

Er sah sie kurz an, seine Mütze war nicht ganz so tief ins Gesicht gezogen.

Dieser Augenblick, wie damals, als sie Charly das erste Mal begegnet war, sie hatte einen Stuhl aus den Siebzigerjahren gesucht. Mein Jahrzehnt, hatte sie gesagt, er hatte sie durch seinen Secondhand-Designmöbel-Laden in der Fabrikhalle geführt und ihr Freischwinger, Spaghettistühle, Panton Chairs gezeigt. Mit jedem Hinsetzen fühlte sie sich wohler. Sie kaufte einen Panton Chair, der war zwar zu alt für sie, aber egal.

Sie saß bereits in jener Nacht auf Charlys Becken.

Sie stand auf, nahm einen Apfel, willst du auch?

Nein, ich mag kein Obst, weißt du doch. Dann sagte er leise, ich, also, ich möchte bei Dad wohnen, und dann weinte er, es schüttelte ihn, er schluchzte, er krächzte dabei, Ma, ich glaub, das wär besser. Für Dad wär's okay.

Sie wollte auch weinen, das wäre passend gewesen,

konnte aber nicht, sie biss in den Apfel und sagte, ja, warum nicht.

Loik rannte in sein Zimmer und knallte die Tür zu.

Ich bin jetzt Wochenendmama, schrieb sie Karola am nächsten Morgen. *Loik zieht zu Charly.* Karola rief sofort an. Das darfst du nicht zulassen, Charly schert sich keinen Deut um Loik, der bringt ihm nur kiffen bei und so Mist, Ines, ich meine, das bricht dir doch das Herz. Ines sagte, du, bei mir klingelt's, der Postbote, neue Ware, ich muss.

Welches Herz, dachte Ines.

Sie würden in zwei Wochen Loiks Sachen holen, sie würde nicht in der Wohnung sein, sie würde allein wegfahren. Das hatte sie mit Charly abgemacht.

Er hatte gesagt, ich zahl dir dann aber nichts mehr.

Nichts mehr von was?, hatte sie gefragt, die paar Piepen, vergiss es.

Du musst mir dann Unterhalt zahlen.

Nimmst du ihn, weil du Geld brauchst?, hatte sie ihn gefragt und nicht bemerkt, dass Loik im Flur stand und keine Kopfhörer aufhatte.

Loik war in diesen letzten Tagen vor seinem Auszug noch schweigsamer. Als sie ihn fragte, ob er seinen Kaktus mitnehmen wolle, zuckte er mit den Schultern.

Dann lass ihn hier, ich kümmere mich um ihn, mach ich gerne. Und dein Krokodil?

Das brauch ich nicht, so ein Quatsch, kann weg.

Sein Krokodil, das auf allen Reisen dabei war, das jede

Nacht von Loik umschlungen wurde. Ines wusste es, sie hatte in all den vierzehn Jahren, bevor sie ins Bett gegangen war, noch mal nach Loik gesehen, und immer, immer, immer hatte er sein Krokodil im Arm gehabt. Dieses schlafende Kind, das seinem Vater so ähnlich sah, selbst dann, wenn es seine Huskyaugen geschlossen hatte, klammerte sich am grünen Stofftier fest.

Ich werde mich auch um das Krokodil kümmern, sagte sie.

Ich mag dein Krokodil.

Er nahm Schachteln mit und seinen Schreibtisch. Wie wenig Material ein junges Leben mit sich herumtragen musste. Ihre Regale voll mit Vasen, Bildern, Büchern, Erinnerungen.

Sie lehnte an der alten Bretterwand, verwittert, verbrannt, dunkel und warm, von der Sonne aufgeheizt. Sie hatte sich wenige Stunden vorher von Loik verabschiedet. Er hatte rote Wangen gehabt, sein Flaum immer besser sichtbar über der Oberlippe.

He, puuh, das wird bestimmt spannend. Und weißt du was, ich freu mich drauf, die Wochenendma zu sein. Dann hab ich mal die Sahne und Charly den Rest. Loik hatte sich an sie gedrückt, sich an sie gepresst, so fest, als wolle er unter ihre Haut schlüpfen, zurück ins Nest, nie wieder weg, sie hatte seine langen Haare gestreichelt, seinen Geruch eingeatmet, der seltsam fremd war, nicht mehr das Kind, ein Mann schon fast. Loik hatte geweint, und sie hatte gesagt, du bist eine coole Socke! Mit vierzehn ausziehen.

Sie war froh, ihn nicht mehr jeden Tag sehen zu müssen. Er war viel zu sehr ihr Ex.

Zum Glück ist er weg. Ich hab ihm nicht gutgetan. Ich glaube, drum war ich auch so wütend auf ihn, über alles, was er tat, weil alles an ihm wie Charly war, ich bin echt froh, hatte Loik die Idee zu gehen, denn ich hatte schon lange den Gedanken, mich aber nie getraut, ihn auszusprechen. Ich meine, wie sagt man seinem Kind, ich will dich nicht mehr sehen?

Das ist doch brutal. Irgendwie. Aber eben … gedacht habe ich das oft. Er hat genau seinen Gang, das macht mich fertig! Voll Copypaste.

Das alles hatte sie Karola erzählt, und Karola hatte geantwortet, du tickst nicht richtig.

Sie spürte die Sonne auf ihrer Haut, lehnte am Holz, sie liebte diesen Stall über der Waldgrenze, weit weg von allem, bei dem sie noch nie mit jemandem gewesen war. Immer allein. Allein wandern. Nur den eigenen Atem hören, das eigene Tempo wählen, Schritt für Schritt, im Einklang mit dem Herzschlag. Sie holte Luft, ließ den Atem frei, und dann drang aus ihrem Inneren ein Ton, ein Urlaut, ein Grollen, so stark, so kraftvoll, so von tief, dass ihn die Felswände zurückschmetterten und das Echo ihr die Augen öffnete. Sie blinzelte in die Sonne.

Sie hatte Loik damals nicht so richtig gewollt, Charly hatte sie überredet, das ist unser Kind, unsere Liebe, wir ziehen das zusammen durch. Er zog dann vor allem nächtelang mit Kumpels um die Häuser. Die ersten drei Monate der Schwangerschaft waren wie Puderzucker verflogen, sie hatte die Zukunft geahnt und sich von der Gegenwart einlullen lassen. Von Charlys Nähe, von seiner Begeisterung, von ihrer Lust, von ihrem Körper, der ihr zu spüren gab, dass er einen Menschen ausbrüten wollte. Der Bauch wuchs, ihre Zweifel blieben, doch dieser Mensch klopfte von innen an. Die Einzige, die bei all dem unbeteiligt war, lehnte knapp fünfzehn Jahre später alleine in der Sonne an der Wand und war erleichtert.

Loik stand neben ihr in der Schlange, er war wieder gewachsen. Je weniger sie ihn sah, umso rascher wurde er anders, größer, mehr Mann. Mehr er selbst. Sie konnte sogar wieder in seine Augen schauen, ohne an Charly erinnert zu werden.

Er hatte sich die Haare geschnitten und grinste.

Meinst du, du schaffst das?

Sie grinste zurück, he, wer bin ich, klar, ich schaffe alles.

Sie knuffte ihn in die Schulter, er lachte.

Dann wurden sie angeschnallt, sie saßen zuvorderst. Er sagte, Mann, wie lange habe ich davon geträumt!

Die Blue Fire schoss durch die Luft, schlug Saltos, verdrehte sich, Ines und Loik streckten die Arme in die Höhe, wurden durchvibriert, ihr Zwerchfell bebte, sie kreischte, Loik brüllte, boaaaaah.

Er hatte keinen Stimmbruch mehr.

Sie fuhren drei Mal hintereinander. Dann fragte sie ihn, Lust auf Mandeln und Fischsemmel?

Gleichzeitig?

Klar.

Loik hakte sich bei ihr unter und sagte, Charly findet den Europapark totale Konsumkacke.

Ines sagte, du gefällst mir.

Andersrum

Als er Mitte Oktober den *Prozess* zum ersten Mal wahrnahm, hielt er ihn für eine optische oder sonstige Täuschung; zu unwahrscheinlich war, was er da sah. Na ja, erst nur eine kleine, kaum sichtbare Veränderung, die keiner Beachtung wert schien. Genauer gesagt *bemühte* er sich, ihr keine Beachtung zu schenken. Guckt man nicht hin, verschwindet es von alleine wieder, so wie in der Kindheit ein schlimmer Traum, der aus dem Blut gelöscht wird, sobald man die Augen aufschlägt.

Ruhig, ruhig, denkt er, erst mal 'ne Nacht drüber schlafen, am nächsten Morgen ist sicher wieder alles an seinem Platz. Er betrinkt sich und pennt auf dem Sofa ein.

Als er um die Mittagszeit mit einem mörderischen Kater erwacht, kann er erst mal an gar nichts denken. Nachmittags überfällt ihn siedend heiß die Erinnerung. Irgendwie *fühlt* es sich auch seltsam an. Keine Schmerzen, nur ein kleines, wanderndes Ziehen, wie bei einem Muskelkater. Oder was? Er traut sich nicht nachzuschauen. Er weiß auch nicht, ob er fühlt, was er fühlt, oder ob er es nur zu fühlen meint. Er verfällt in einen unangenehmen Dämmerzustand, seine Gedanken beginnen sich zu verwirren. Sie rasen im Kreis wie Hunde, die einer Hasenattrappe hinterherhetzen. Er wälzt sich hin und her, in allen erdenklichen Haltungen der Angst, der Hilflosigkeit, der Verzweiflung. Fest steht jedenfalls, dass da etwas Beunruhigendes vor sich geht. Plötzlich wird ihm schlecht, er stürzt ins Bad und übergibt sich. Dann legt er sich ins Bett, schließt die Vorhänge und zieht das Deckbett über beide Ohren. Hat er ewig nicht mehr gemacht. Als die Dunkelheit über ihm zusammenschnappt, gerät er in Panik, er tritt die Decke weg und bleibt bewegungslos auf dem Rücken liegen, die Augen starr an die Decke gerichtet. Gegen Mitternacht erlöst ihn endlich der Schlaf.

Am nächsten Morgen hält er es nicht mehr aus. Er stellt sich im Badezimmer nackt vor den großen Spiegel. Sicher fünf Minuten begutachtet er sich gründlich, von allen Seiten. Entsetzlich. Um etwa zwei Zentimeter, schätzt er, ist es vorangeschritten. Kein Zweifel möglich. Ein Albtraum. Er ruft in der Firma an und meldet sich krank, trinkt durcheinander Rotwein, Sekt, Schnaps, schaut fern, Anrufe und Nachrichten ignoriert er. Kurz vor acht Uhr abends verlässt er im Schutz der Dunkelheit die Wohnung, um einzukaufen, genug für zwei oder drei Wochen.

Um den fünften Tag herum verschwindet das Ziehen. Vielleicht, hofft er, hat sich das verlangsamt, ist zum Stillstand gekommen, hat sich gar umgekehrt, und in einer Woche ist alles wieder beim Alten. Wieder zieht er sich nackt aus und stellt sich vor den Spiegel, was er in der Zwischenzeit vermieden hat. Von wegen gestoppt! Es sind jetzt sicher sieben oder acht Zentimeter. Ein Ende ist nicht in Sicht. Nichts ist in Sicht. Etwas Grundsätzliches ist verschwunden, das Leben fällt auseinander.

Seine Recherchen ergeben, dass es offenbar keinen einzigen anderen Fall gibt, der seinem auch nur ähnelt. Zumindest ist keiner dokumentiert. Er googelt *Arzt, gentechnische Veränderungen, Erbschädigungen, Mutationen* und bekommt noch am gleichen Tag einen Termin bei dem als Koryphäe auf seinem Gebiet anerkannten Dr. v. L. Doch noch im Wartezimmer verlässt ihn der Mut; er *weiß*, dass ihm kein Arzt der Welt helfen kann. Als sein Name aufgerufen wird, hat er schon das Weite gesucht.

Wie soll die Diagnose lauten von etwas, das es (noch) nicht gibt? Seltene *Syndrome* werden in der Regel nach ihrem Entdecker benannt: Gaucher-Syndrom. Hutchinson-Gilford-Progerie-Syndrom. Morbus Recklinghausen. Er würde darauf bestehen, dass es in diesem Fall nach dem Leidtragenden benannt wird. Das Pohl-Syndrom (er heißt Rainer-Peter Pohl). Wäre ja noch schöner, wenn der Arzt die Lorbeeren einheimst.

Schicksalsergeben wartet er, bis der Vorgang (er nennt es jetzt Vorgang) abgeschlossen ist. Er weiß genau, wie und wo es enden wird. Die Fenster seines Schlafzimmers lässt er nachts offen, das gleichbleibende, dumpfe Rauschen des Verkehrs übt eine außerordentlich beruhigende Wirkung auf ihn aus. Wie lange hat er eigentlich mit niemandem mehr ein Wort gewechselt? Es kommt ihm vor, als habe er noch niemals mit einem anderen Menschen gesprochen. Er fühlt sich wie ein Toter, einer, der schon als Leichnam zur Welt gekommen ist. Er verflüchtigt sich und verliert seine Konturen. Auch seine Vergangenheit verflüchtigt sich und verliert ihre Konturen. Nach drei Monaten ist es so weit.

Rainer-Peter Pohl ist nun der einzige Mensch, bei dem der Arsch vorn und der Schwanz hinten ist.

Er arbeitet wieder beim KFZ *Gutachter und Sachverständigen Büro Hamburg.* Den Schwanz bindet er ab, und seinen Hintern könnte man auch für einen besonders tief sitzenden Bauch halten. Er hat sich ziemlich schnell dran gewöhnt, dass auf der Toilette alles umgekehrt ist. Gelegentlich, sehr selten, befriedigt er sich, das ist ziemlich anstrengend. Natürlich hat er sich mit dem Gedanken getragen, an die Öffentlichkeit zu gehen, den Fall publik zu machen, er wäre ein gemachter Mann; aber den Rummel und die Aufmerksamkeit würde er nicht ertragen.

Als KFZ-Sachverständiger trägt er schon von Berufs wegen weite Sachverständigenkittel, was von Vorteil ist, die *Tarnung* nämlich enorm erleichtert. Er lässt sich einen Bart stehen, das verleiht ihm zusätzlich noch ein schwer zu beschreibendes Gefühl von Sicherheit. Sollte tatsächlich mal jemand Verdacht schöpfen, würde derjenige ihn sicher sofort wieder verwerfen; der Mensch neigt ja bekanntlich dazu, nur das zu glauben, was er sich vorstellen kann, Psychologie.

Er wird zu Lebzeiten nicht mehr auffliegen, davon ist er überzeugt. Posthum wird er dann berühmt werden. Was für Augen die Leichenwäscher (er stellt sich vor, dass die Leichenwäscher – gibt es so was überhaupt noch? – die Ersten sind, die ihn nackt zu Gesicht bekommen) wohl machen, wenn sie die Bescherung sehen?! Vielleicht, nein, sicher, wird sein Schicksal verfilmt und / oder ein Buch darüber geschrieben. Angenehmer Gedanke. Ganz zufrieden geht er nach Hause. Der große, stille, blaue, leere Himmel, denkt er, wie schön der manchmal ist.

JUAN PABLO VILLALOBOS
Die Kakerlaken

Damit sich kein Gesindel ins Haus schlich, musste der Eingang stets geschlossen sein. Passte irgendwer nicht auf, berief Francesca sofort eine außerplanmäßige Versammlung, der keiner entkam, solange der Schuldige nicht gefasst war. Die Disziplinarmaßnahmen reichten von einfacher Schelte bis zu Geldbußen, die in einem Glas für besondere Ausgaben gesammelt wurden. Breton und Stalin zusammen waren nichts im Vergleich zu Francesca. Einmal kam es zu einem legendären Vorfall, nach dem tatsächlich diskutiert wurde, einen Pförtner einzustellen. Alle sprachen auf die gleiche Weise von dem Vorfall: der Tag, als die Mormonen kamen. Er diente sogar als zeitlicher Bezugspunkt. Es hieß: eine Woche vor dem Tag, als die Mormonen kamen. Oder: zwei Tage nach dem Tag, als die Mormonen kamen. Alles geschah vor oder nach dem Tag, als die Mormonen kamen.

Das Ganze hatte sich an einem Mittwochnachmittag ereignet. Ich gönnte mir gerade ein Bier, drückte auf der Fernbedienung herum und blieb irgendwann bei Sergej Eisensteins schlitzohrigem Blick und seinem wirren Haar eines verrückten Professors hängen, als es an der Tür klingelte. An der Wohnungstür wohlgemerkt, nicht an der Haustür, was nur eins bedeuten konnte. In Wirklichkeit konnte es vieles bedeuten, was aber auf dasselbe hinauslief: Vertreter von Kosmetikprodukten, hungrige Straßenkinder, bettelnde Junkies, Leute von Telefongesellschaften, Stumme, die sprachen, Blinde, die sahen, Entführer, die einen direkt an der Tür abholten, dreiste Nervensägen, die sich nicht einmal die Mühe machten, sich eine bewegende Geschichte auszudenken. Nur die Lexikonvertreter waren von der Bildfläche verschwunden – ein sicheres Zeichen für den menschlichen Fortschritt. Ich dachte gar nicht daran, aufzumachen, ignorierte das Klingeln einfach und schaute mir weiter die Sendung an. Das Klingeln hörte nicht auf, und ich hörte nicht auf, das Klingeln zu ignorieren. Als die Werbung begann, klingelte es noch immer Sturm. Wer immer das war, er war auf fanatische Weise entschlossen.

Ich machte auf, und vor mir stand ein großer blonder Gringo, blass wie eine Larve. Er trug ein kurzärmeliges weißes Hemd, eine schwarze Hose und, auf Höhe des Herzens, ein kleines Schild mit einem Namen, der nach einem flämischen Maler von Stillleben klang. *Willem Heda.* Und weil die Lampe im Treppenhaus kaputt war, tauchte er passenderweise in einem starken Hell-Dunkel-Kontrast auf. Ich schätzte ihn auf unter zwanzig, wahrscheinlich sollte er sich erst in einem armen Land wie Mexiko die Türen vor der Nase zuschlagen lassen, bevor er in den USA die Universität besuchte. Vorausgesetzt, ein Universitätsbesuch war keine Sünde.

»Ich überbringe die Botschaft des Herrn«, sagte er.

»Prima«, antwortete ich, »was kostet das Gramm?«

Erstaunt zog er die blonden Brauen hoch, so hoch, dass sie fast sein Haar berührten. Dann senkte er den Blick und betrachtete die Bibel, die er in der rechten Hand hielt. Schnell griff ich zur *Ästhetischen Theorie* im Regal neben der Tür, wo sie stets wie eine geladene Waffe bereitlag – man weiß ja nie. Er sah das Buch in meiner Hand zucken, und die Augenbrauen reichten ihm bis zum Nacken.

»Sind Sie Professor?«

»Wie kommst du denn auf den Quatsch?«

»Wegen dem Buch.«

Beide schauten wir auf meine Hand. Er starrte das Buch an wie einen Hund, der an die Leine gehörte. Als wäre es verboten, ein Buch ohne Leine mit sich herumzuführen.

»Das Buch? Das ist aus der Bibliothek, aber keine Sorge, es beißt nicht.«

»Ich überbringe die Botschaft des Herrn«, sagte er noch einmal. »Haben Sie fünf Minuten Zeit?«

Die Werbepause war zu Ende und die Sendung ging weiter. Ich hielt die *Ästhetische Theorie* hoch, schlug sie aufs Geratewohl auf und begann zu lesen:

»Um inmitten des Äußersten und Finstersten der Realität zu bestehen, müssen die Kunstwerke, die nicht als Zuspruch sich verkaufen wollen, jenem sich gleichmachen.«

Er hielt die Bibel hoch, schlug sie aufs Geratewohl auf und begann zu lesen:

»Ich sah an alles Tun, das unter der Sonne geschieht, und siehe da, es war alles eitel und Haschen nach Wind. Krumm kann nicht gerade werden, noch, was fehlt, gezählt werden.«

Ich las weiter:

»Dem Tragischen selber schreibt avancierte Kunst die Tragödie, Erhabenes und Spiel konvergieren. Bedeutende

Kunstwerke trachten danach, jene kunstfeindliche Schicht dennoch sich einzuverleiben. Wo sie, der Infantilität verdächtig, fehlt, hat Kunst kapituliert.«

Und er:

»Und ich richtete mein Herz darauf, dass ich lernte Weisheit und erkennte Tollheit und Torheit. Ich ward aber gewahr, dass auch dies ein Haschen nach Wind ist. Denn wo viel Weisheit ist, da ist viel Grämen, und wer viel lernt, der muss viel leiden.«

Ich betrachtete abwechselnd die beiden Bücher. Seins war größer. Die Sendung lief noch, aber ich hatte schon das meiste verpasst. Ich trat zur Seite.

»Na los, komm rein. Was willst du trinken, *Guilen*?«

»Es wird *Willem* ausgesprochen.«

»Ach ja? Danke für die Erklärung. Ein Bierchen, *Guilen*?«

»Ein Glas Wasser, Bier ist Sünde.«

»Sag bloß! Setz dich, ich schaue mir gerade einen richtig tollen Dokumentarfilm an.«

»Worum geht es?«

»Um Intrigen und Ehebruch, und wie man wertloses Zeug zu Kohle macht.«

Er setzte seinen Rucksack ab und ließ sich auf einem Aluklappstuhl von Cerveza Modelo nieder. Dieb, der einen Dieb bestiehlt. Ich machte es mir in dem Sessel vor dem Fernseher bequem.

»Wie heißen Sie?«, fragte er.

»Teo.«

»Mateo?«

»Um Gottes willen.«

»Nur Teo?«

»Teodoro.«

»Wie der Autor des Buches?«

»Nein, der heißt Theodor.«

»Das ist das Gleiche.«

»Ist es nicht, er hat ein H, und es fehlt ein O.«

»Leben Sie allein?«

»Pssst, ich will die Sendung sehen.«

Er ergab sich in sein Schicksal und starrte auf den Bildschirm, wo Schwarz-Weiß-Fotos der Casa Azul zu sehen waren.

»Wer ist die Frau mit dem Schnurrbart?«

»Das weißt du nicht?! Das ist Frida Kahlo, sag nicht, du kennst sie nicht, die kennt ja jeder Amazonasindianer. Das ist eine Malerin, die so berühmt ist, dass man ihr in einem usbekischen Kaff eine Statue gewidmet hat, und in Bulgarien oder Dänemark hat man sogar den Internationalen Frida-Kahlo-Tag erfunden. Siehst du den Typ, der die Hose auf Höhe der Achselhöhlen trägt? Das ist Diego Rivera, der Herr des Hauses.«

»Ich würde gern mit Ihnen über das Wort des Herrn reden. Das Wort Gottes kann alten Menschen Trost spenden.«

Ich warf ihm einen vernichtenden Blick zu.

»Pssst, pass auf.«

Im Fernsehen hieß es: *Sie wollte ihre Freiheit, um auf elegante Weise ein Leben voller Schmerz zu überwinden.*

»Wie gern sie alle leiden, *Guilen.* Was hat denn Eleganz mit Schmerz zu tun?«

»Schmerz führt uns zu Gott.«

»Und Eleganz in die Hölle. Du siehst übrigens verdammt elegant aus, richtig geschniegelt.«

Er lief rot an: Die Scham verwandelte ihn von einer Larve in eine Garnele. Oder von einer rohen Garnele in eine gekochte.

»Keine Angst«, beruhigte ich ihn, »das war ein Scherz.«

Auf dem Bildschirm flimmerten abwechselnd Bilder von Frida und Diego, von Eisenstein, Dolores del Rio, Arcady Boytler, Miguel Covarrubias, María Izquierdo, Xavier Villaurrutia, Adolfo Best Maugard, Lola und Manuel Álvarez Bravo, Trotzki, Juan O'Gorman und Pita Amor. Willem starrte auf den Fernseher, dann ließ er den Blick durch die Wohnung schweifen. Er schien nach etwas zu suchen, um ein Gespräch anzufangen, und entdeckte das Bild an der Wand.

»Ist das ein Clown?«, fragte er.

»Das ist ein Porträt meiner Mutter«, antwortete ich.

»Tut mir leid«, sagte er und wurde wieder rot.

»Was tut dir leid? Dass du meine Mutter mit einem Clown verwechselt hast oder dass du ein Kunstbanause bist?«

Verwirrt dachte er nach.

»Soll ich lieber einen anderen Tag wiederkommen?«

»Willst du die Sendung nicht zu Ende sehen?«

»Ich würde mich gern über das Wort Gottes unterhalten.«

»Dann komm ein anderes Mal wieder. Wenn du Glück hast, mach ich sogar die Tür auf!«

Von da an kam er zweimal wöchentlich, mittwochs und samstags, und da ich nichts Besseres zu tun hatte, ließ ich ihn jedes Mal herein. Wenn ich schlecht gelaunt war oder einfach nur zu tief ins Glas geschaut hatte, setzte er sofort zu einer Predigt an:

»Noch ist es Zeit zu bereuen.«

»Heißt das, ich werde bald sterben?«, erwiderte ich.

»Es ist nie zu spät, um zu bereuen.«

»Dass ich dich am ersten Tag hereingelassen habe? Da bin ich ja beruhigt.«

Seinem Katechismus folgend, wiederholte er immer wieder, dass er eine Mission zu erfüllen hätte, dass er nach Mexiko gekommen sei, um mir das Wort Gottes zu bringen.

»Da bist du etwas spät dran, *Guilen*«, antwortete ich. »Hier waren schon haufenweise Leute wie du: Franziskaner, Dominikaner, Humboldt, Rugendas, Artaud, Breton, Burroughs, Kerouac. Harte Konkurrenz!«

– – –

Willem hatte sich in den Kopf gesetzt, die Kakerlaken auszurotten. Einmal brachte er ein Stück Kreide mit und zeichnete den Grundriss der Wohnung auf dem Boden nach, wie einen Plan, den er über die Wirklichkeit legte. Er meinte, die Kakerlaken könnten die Linie nicht überschreiten und würden draußen bleiben.

»Und was ist mit denen drinnen? Können die nicht raus?«, fragte ich.

Für die würde er sich etwas anderes einfallen lassen, versprach er. Leider scherten sich die Viecher überhaupt nicht um die Linie. Logisch, seit wann funktionierten Grenzen? Ein anderes Mal versprühte er ein Gift in der Wohnung. Während das Mittel seine Wirkung tat, gingen wir im chinesischen Restaurant gegenüber einen Kaffee trinken. Oder besser gesagt ein Bier, ich zumindest. Beide bekamen wir einen Glückskeks geschenkt. In Willems stand: *Ihre guten Taten werden belohnt werden.* In meinem: *Wer sucht, der findet.*

»Ich wusste es!«, sagte Willem.

Da hatte er so lange die Bibel studiert, um am Ende doch nur alles wörtlich zu nehmen. Plötzlich fiel mir auf, dass es beim Chinesen keine Kakerlaken gab. Wir versuchten, den Besitzer – den Typ, den wir für den Besitzer hielten – und die Kellner danach zu fragen. Zwecklos, sie sprachen nur Chinesisch. Auch der Versuch, einen von ihnen mit zu mir nach Hause zu schleppen, um ihm eine Kakerlake zu zeigen, scheiterte – ich zerrte so heftig an seinem Arm, dass sie Angst bekamen und sich in der Küche verbarrikadierten. Willem meinte:

»Vielleicht hätten Sie nicht so viel trinken sollen.«

»Wenn ich nicht so viel getrunken hätte, könnte ich jetzt Chinesisch sprechen?!«

»Wenn Sie nicht so viel getrunken hätten, hätten Sie sie nicht erschreckt.«

»Komm mir nicht mit deinen Predigten, *Guilen.*«

Zurück in der Wohnung, flitzten die Kakerlaken fröhlich an der Decke herum. Wieder ein anderes Mal stellte Willem Fallen in den Ecken auf. Schwarze Plastikschächtelchen. Eine Methode, die mir nie ganz einleuchten wollte. Sollten die Kakerlaken die Schachteln anheben und hineinkrabbeln? Es funktionierte auch nicht, aber wenigstens war es spannend, und das Rätsel mit den Schachteln beschäftigte mich eine ganze Woche. Genauso mysteriös war der Plan mit den Dingern für die Steckdose, die angeblich eine Substanz gegen die Biester verströmten. Genauso unwirksam. Und ein gelbes Pulver, das man in die Fugen des Mosaikfußbodens streuen musste, erwies sich als die schlimmste Katastrophe. Die Kakerlaken futterten das Zeug und gingen ab wie Rennwagen. Ich schlug vor, das Pulver selbst zu probieren.

Misserfolge kamen und gingen, bis Willem eines Nachmittags mit hängendem Kopf vor der Tür stand:

»Mir sind die Ideen ausgegangen, Teodoro.«

Ich hatte noch eine: Wir würden sie mit Büchern erschlagen. Er mit der Bibel. Ich mit der *Ästhetischen Theorie*.

— — —

Willem und ich stritten lebhaft darüber, wie die Toten wohl aussähen, wenn sie am Tag des Jüngsten Gerichts wiederauferstünden. Würden sie, halb verwest, von Erde bedeckt, aus der Erde steigen, oder würden sie sich, körperlos und transparent, materialisieren wie spirituelle Wesen?

»Kannst du dir das vorstellen, *Guilen*? Alle Menschen, die je gestorben sind? Was glaubst du, wie viele sind das? Unzählige Milliarden, oder? Und jetzt stell dir vor, die alle plötzlich auf der Erde, manche nur Skelette, bei anderen hängen noch faulige Fleischfetzen an den Knochen, voller Würmer, und dann noch die riesige Aschewolke von denen, die verbrannt wurden. Die Bibel ist wirklich ein grausiges Buch!«

»So ist das nicht«, entgegnete Willem. »Man darf die Bibel nicht wörtlich nehmen.«

»Das sagst ausgerechnet du! Klar ist das so, du musst dir

doch nur die ganzen Filme ansehen. Zombie-Filme haben alle die Bibel als Drehbuch.«

»Viele Filme sind Sünde.«

»Was du nicht sagst!«

So ging das noch eine ganze Weile, bis es an der Tür klingelte und unser wissenschaftlicher Disput ein jähes Ende fand. Ich ging zur Sprechanlage.

»Ich komme vom VTK«, hörte ich Maos Stimme.

»Verband der Tumben Konsumenten?«

»Verein der Trotzkistischen Kammerjäger.«

»Fang gleich im Hausflur an, da wimmelt es nur so von literarischem Ungeziefer.«

»Geht klar.«

»Komm rauf.«

Willem stopfte die Bibel, in der er bis eben Stellen aus der Apokalypse nachgeschlagen hatte, in den Rucksack zurück und fragte:

»Soll ich gehen?«

»Nein, bleib ruhig. Es ist ein Freund, ihr werdet euch mögen.«

Wir warteten, aber weil Mao wieder einmal ewig brauchte, holte Willem erneut die Bibel raus und fing schon mal an, Kakerlaken zu jagen. Seit der Entführung der *Ästhetischen Theorie* vermehrten sich die Viecher hemmungslos. Ich hatte versucht, sie mit den *Noten zur Literatur* zu dezimieren, aber der Band hatte gerade einmal hundertzwanzig Seiten, und egal wie verrückt ich auf sie einhämmerte, sie waren höchstens leicht benommen. Endlich klopfte Mao an die Tür. Er hatte Dorotea mitgebracht. Ich begrüßte sie mit einem verschmitzten Lächeln.

»Wenn ihr meine Wohnung braucht«, wandte ich mich an Mao, »musst du nur rechtzeitig Bescheid sagen und deine Laken mitbringen. Übrigens, ich habe gerade Besuch. Aber kommt ruhig rein, ich glaube, deine Geliebte ist ganz wild darauf, meinen Freund kennenzulernen.«

Sie traten ein, aber kaum hatte Mao Willem entdeckt, wich er entsetzt zurück.

»Ist das ein Hinterhalt?«

»Du sagst es«, antwortete ich, »von Jesus persönlich.«

»Ich meine das ernst, jeder weiß, dass die Mormonen für die CIA arbeiten.«

»Entspann dich, Mao. Mein Freund *Guilen* hier sagt, dass Spionage Sünde ist.«

Mao beobachtete, wie Willem mit der Bibel gegen die Wand schlug, um eine Kakerlake zu erwischen. Seine sarkastische Grimasse löste sich auf, vielleicht dachte er, das Wort Gottes als Kakerlakenklatsche zu benutzen, sei ein Zeichen von Heterodoxie, das zumindest Zweifel verdiente.

»Spionieren ist Sünde«, bestätigte Willem, während er die Bibel mit einem Blatt Toilettenpapier abwischte.

»Und mit der Bibel *cucaras* zerquetschen?«, fragte Mao. »Ist Tiere töten etwa keine Sünde?«

»Kakerlaken sind Kreaturen des Teufels«, sagte Willem. »Das Wort des Herrn besiegt den Teufel.«

Dorotea ging zu Willem, und weil sie sich nicht sicher war, ob sie ihn zur Begrüßung auf die Wangen küssen sollte, reichte sie ihm die Hand. Willem wusste nicht, was er mit seinen Händen anstellen sollte, und steckte das Toilettenpapier mit den Kakerlakenresten in die Hosentasche.

»Hallo, *Guilen*, wie geht's?«, fragte Dorotea ihn.

»Ihr kennt euch?«, unterbrach Mao sie.

»Sie haben sich neulich kennengelernt«, mischte ich mich ein, »als deine Freundin da war, um mich eines Verbrechens zu beschuldigen, und mein Freund hier mich verraten hat.«

Umständlich schüttelten Dorotea und Willem einander die Hand.

»Lässt du ihre Hand irgendwann noch mal los, *amigou*?«, fragte Mao Willem.

»Entspann dich, Genosse«, beruhigte ich ihn. »So viel Revolution und Untergrund, um dich am Ende doch nur wie in einer Schmonzette mit Pedro Infante aufzuführen. Und, was hast du mir diesmal mitgebracht? Ich warne dich, *Guilen* hat schon alles ausprobiert, und du siehst ja, den Kakerlaken geht's besser denn je.«

»Wart's ab, Opa, das hier ist unschlagbar.«

»Wie oft soll ich dir noch sagen, dass du mich nicht Opa nennen sollst?«

Er nahm den Rucksack ab, und in dem Moment fiel Willem die Botschaft auf Maos schmuddeligem T-Shirt auf.

»Leuchtender Pfad – ist das eine Religion?«

»Eine Sekte«, antwortete ich. »Hast du noch nie was von der Glaubensgemeinschaft *Licht der Welt* gehört?«

»Wo ist der CD-Spieler?«, unterbrach uns Mao.

Auf seinem rechten Zeigefinger steckte eine CD.

»Was hast du vor?«, fragte ich. »Ich dachte, Kakerlaken wären taub?«

»Die Methode ist seit den Sechzigern bekannt«, erklärte Mao. »Studenten haben sie zufällig entdeckt, Sie wissen ja, unsere Protestlager sind nicht gerade für ihre Sauberkeit bekannt, und es ist die einzige Methode, um die Viecher loszuwerden.«

»Und wie funktioniert das? Mit weißem Rauschen?«

»Viel schlimmer. Mit Nueva Trova aus Kuba.«

Er legte die CD ein, drehte die Lautstärke bis zum Anschlag auf, und nach ein paar einleitenden Gitarrenakkorden erklang die schiefe Stimme eines Sängers: *Am Ende unserer Lebensreise wird nur unser Körper bleiben, aufgebläht von seinem Weg zum Tod, zum Hass, zum Meeresufer.*

»Kein Wunder, dass das wirkt!«, brüllte ich gegen die Musik an. »Das ist so schrecklich, dass man sich umbringt, und der Stress mit den Kakerlaken ist vorbei!«

Als die zweite Strophe einsetzte, richteten die Schaben in der Küche ihre Fühler auf und machten sich, verzweifelt gegen die Wände taumelnd, so schnell wie möglich davon. Eine Sekunde später folgten ihnen ihre Artgenossen aus dem Wohnzimmer und dem Bad.

»Schnell, mach die Tür auf!«, schrie Mao Dorotea zu, die am nächsten zum Ausgang stand.

Dorotea gehorchte, während die Ohrenfolter gnadenlos weiterging: *Wir sind die Vorgeschichte, der die Zukunft gehört, wir sind die fernen Annalen der Menschheit.* Hunderte von Kakerlaken schossen aus ihren Winkeln hervor und flitzten zwischen unseren Füßen hindurch zur Wohnungstür. Mit einem Satz sprang Dorotea auf den Modelo-Stuhl, das lange Haar wie elektrisiert vor Ekel und von den Schwingungen der Akkorde; Willem, noch blasser als sonst, fast geisterhaft, schloss die Augen und begann zu beten.

»Ich hab's gesagt!«, stieß Mao triumphierend hervor.

»Wie geht das?!«, fragte ich. »Liegt das an der Stimme? Gibt es besondere Hintergrundgeräusche in der Aufnahme?«

»*Cucaras* sind Konterrevolutionäre!«, erwiderte Mao. »Jeder weiß, dass die CIA sie als biologische Waffen einsetzt.«

»Und wer arbeitet für die CIA?!«, brüllte ich. »Gott oder die Evolution?!«

»Das ist die Wahrheit! Sie benutzen Kakerlaken, um Epidemien zu verbreiten!«

Als das Lied ausklang, waren die Kakerlaken weg, Dorotea konnte wieder von ihrem Stuhl herunterklettern und Willem wieder sehen.

»Gepriesen sei der Herr«, sagte er.

»Das war nicht Gott«, klärte Mao ihn auf. »Das war Silvio Rodríguez.«

Ich ging zur Stereoanlage und drückte die Stopptaste, bevor das nächste Lied begann.

»Was tun Sie da?!«, schrie Mao. »Wollen Sie, dass die Viecher zurückkommen?«

»Muss etwa immer Musik laufen, damit sie draußen bleiben?«

»*Cucaras* haben kein Gedächtnis. Wenn Sie die Musik ausschalten, sind sie in fünf Sekunden wieder da.«

»Das heißt, ich soll die CD den ganzen Tag anlassen, bei dieser Lautstärke? Kommt nicht infrage, wir sind hier doch nicht in Guantánamo!«

»In Guantánamo nehmen sie Death Metal, Opa. Lassen Sie die CD noch eine Weile laufen, und das wiederholen Sie ab jetzt täglich.«

Ich drückte auf Play, Gitarre und Gesang setzten ein, und wir gingen wieder zum Schreien über.

»Dann brauche ich etwas Stärkeres!«, brüllte ich. »Was trinkt ihr?!«

Willem kreischte:

»Ich gehe besser!«

Ich überlegte, ob ich ihm ein Glas Wasser anbieten sollte, um ihn zum Bleiben zu bewegen, aber dann sagte Dorotea etwas, und ich änderte meinen Plan.

»Ich werde mal die Zeit nutzen und ein bisschen mit meiner Oma quatschen!«, sagte sie.

Als ich die beiden zur Tür begleitete, zwinkerte ich Willem zu, dessen larvenhaft blasses Gesicht sich zur Antwort rot verfärbte.

»Ich wollte Ihnen noch sagen, dass mir die Sache mit der Anzeige leid tut«, wandte sich Dorotea an mich. »Ich wusste nicht, dass alles so kompliziert wird.«

»Meinst du wegen *El Papayón*?«

Sie lächelte.

»Und du kannst nichts machen?«, fragte ich.

»Ich arbeite da nicht mehr, sie haben mich entlassen«, antwortete sie betrübt.

»Keine Sorge, ich habe alles unter Kontrolle.«

»Die Anzeige wurde nicht wieder hervorgeholt?«

»Nein, aber dafür muss ich Wiedergutmachung leisten.«

»Sozialarbeit?«

»So ungefähr.«

Im schattigen Hausflur hinter dem Paar drängten sich die Kakerlaken panisch in den Ecken.

»Kann ich noch etwas für Sie tun?«, fragte Dorotea.

»Was meinst du?«

»Na ja, beim Einkaufen helfen, Sie zum Arzt begleiten,

so was eben. Soll ich vielleicht die Glühbirne wechseln? So dunkel, das ist doch gefährlich, Sie könnten stolpern.«

Ich ließ meinen Blick zwischen Doroteas winzigem Körper und der hohen Decke hin und her schweifen. Ihre Kühnheit rührte mich, selbst wenn sie auf zwei Stühle gleichzeitig stieg, könnte sie niemals eine solche Heldentat vollbringen.

»Das habe ich ihm schon zigmal angeboten«, quatschte Willem dazwischen, der nur den Arm ausstrecken musste, um die Decke zu berühren, »aber er will einfach nicht.«

»Das ist Aufgabe der Hausverwaltung«, erwiderte ich.

Das stimmte, und es stimmte auch, dass die Verwaltung Francescas Beschwerden ignorierte und mir das im Grunde nur recht war, da das schummrige Licht alle möglichen Streiche begünstigte und ich leichter abhauen konnte, ohne von den Nachbarn erwischt zu werden.

»Ihr geht jetzt besser«, sagte ich. »Ihr macht die Kakerlaken noch ganz nervös.«

»Wenn Sie doch was brauchen, sagen Sie einfach meiner Oma Bescheid, und ich komme«, bot Dorotea noch einmal an, bevor sie sich umdrehte und sich, beschützt von Willem, der drohend die Bibel in die Höhe hielt, der Kakerlakenflut stellte.

Ich schloss die Tür und wandte mich Mao zu, der es sich im Sessel bequem gemacht hatte und seine Rastalocken im Takt der Gitarre schüttelte.

»Was trinkst du?!«, brüllte ich.

»Ein Bierchen!«

»Apropos, was Neues aus Tlalnepantla?!«

»Bis jetzt nicht, aber die Genossen vom AKT kümmern sich drum!«

»Aktionskomitee der Totalanalphabeten?!«

»Anarchistisches Kollektiv Tlalnepantla!«

Ich öffnete eine Literflasche einer Qualitätsmarke, speziell für Gelegenheiten wie diese, und schenkte ihm ein Glas ein. Dann holte ich die letzte Flasche Whisky aus dem Schrank. Von den drei Litern, die ich mir bei unserer heroischen Exkursion besorgt hatte, war gerade einer übrig, etwas weniger als einer, um genau zu sein. Ich reichte Mao das Glas, und als ich mich gerade setzen wollte, klingelte es an der Tür. Ich sah mich um, vielleicht hatten Willem oder Dorotea etwas vergessen. Ich konnte nichts entdecken. Das Lied war zu Ende, und ich nutzte die wenigen Sekunden bis zum nächsten Song, um den Hörer der Gegensprechanlage abzunehmen.

»Stellen Sie die Musik leiser!«, hörte ich Francesca schreien.

Ich legte auf und ging auf den Balkon. Francesca wartete schon hysterisch auf dem Bürgersteig.

»Bei dem Krach können wir uns nicht konzentrieren!«

»Gib mir das Buch zurück!«

»Stellen Sie die Musik leiser oder ich melde es der Hausverwaltung!«

»Gib mir das Buch zurück oder ich melde es dem Staatsanwalt!«

In dem Moment sah ich Willem und Dorotea aus dem Haus kommen. Sie ließen ein Auto vorbei, überquerten die Straße und betraten gemeinsam das Chinarestaurant. Schnell ging ich zurück in die Wohnung, bevor Mao herauskam und etwas merkte. Wieder klingelte es an der Tür, einmal, zweimal, unaufhörlich.

»Dein Anti-Kakerlaken-Mittel gefällt mir immer besser!«, sagte ich zu Mao.

»Was ist mit dem Buch?! Wurde es Ihnen geklaut?!«, wollte er wissen.

»Ich hatte eine kleine Auseinandersetzung mit dem Literaturzirkel, daraufhin haben sie meine *Ästhetische Theorie* als Geisel genommen!«

Aus den Boxen schallten weiter Silvio Rodríguez' lyrische Ergüsse, und die Kakerlaken ließen nicht mal ihre Fühler sehen. Da kam mir eine Idee.

»Willst du dir ein bisschen was verdienen, Mao?!«

»Soll ich Ihnen eine neue *Ästhetische Theorie* besorgen?! Okay, zwanzig Pesos!«

»Für einen Maoisten bist du ganz schön kapitalistisch!«

»Man muss das Kapital für die Revolution arbeiten lassen! Ich besorge sie Ihnen!«

»Nein, in meiner habe ich schon Stellen unterstrichen!«

»Was dann?!«

»Ich habe eine Idee, wie wir sie wiederkriegen!«

»Ich bin ganz Ohr, Opa!«

Ich erzählte ihm von meinem Plan, und Mao gab dem Ganzen mit einer verblüffenden Begabung für militärische Strategien den letzten Schliff. Ich bot ihm noch ein Bier an, und noch eins, und als der Plan in allen Einzelheiten feststand, einigten wir uns auf ein Datum und Maos Honorar, und ich stellte die Musik ab, um die Kakerlaken zur Rückkehr einzuladen.

Glaser lässt abschalten

Als Glaser dreißig war, galt es in Kreisen des mittleren Jungmanagements als unmännlich, mehr als fünf Stunden zu schlafen. In der Euphorie eines anständigen Schlafmankos wirkte alles, was man tat, viel effizienter. Stress war ein Stimulans. Man prahlte, wie viel man davon vertrug, und versuchte, sich gegenseitig unter den Tisch zu stressen.

Später, auf der oberen Führungsebene, war Stress zwar nicht mehr Modedroge Nummer eins, aber immer noch gesellschaftsfähig. Wer nicht unter Stress stand, wirkte halt doch irgendwie ersetzlich. Man konnte unter Männern über Stress reden wie über sonst ein Laster, und der andere wusste genau, wovon man sprach.

Aber heute, wo es Glaser in die Führungsspitze geschafft hat, gilt Stress, offen zur Schau getragen oder vertraulich eingestanden, als uncool. Manager, die unter Stress leiden, sind ihrer Aufgabe nicht gewachsen. Glaser wird also zum heimlichen Stresser. Er wacht zwar immer noch um vier Uhr auf und grübelt darüber nach, worüber er bis sieben Uhr nachgrübeln könnte. Aber er stellt sich jetzt schlafend dabei. Es schnürt ihm immer noch den Brustkorb ein, wenn er zur Agenda greift.

Aber er greift jetzt verstohlen zu ihr, wie ein Trinker zum

Flachmann. Und er reißt sich immer noch die Brille vom Gesicht, um mit beiden Handballen wütend die Augen zu reiben. Aber er tut das jetzt heimlich zwischen Sitzungen.

Doch während der offen zelebrierte Stress inspirierend und der freimütig eingestandene immerhin noch stimulierend waren, fängt der heimliche an, ihm auf die Gesundheit zu schlagen. Glaser leidet neuerdings unter Anfällen von Herzklemmen, Sodbrennen und Nachtschweiß.

Eine Weile schaut er dem zu. Dann beschließt er, sich den Stress abzugewöhnen.

Stress, sagt sich Glaser, ist ja nur die Unfähigkeit abzuschalten.

Und Unfähigkeiten jeder Art sind für Glaser, wenn überhaupt, vorübergehende Erscheinungen.

Er nimmt sich also vor, in Zukunft beim Verlassen des Büros abzuschalten.

Aber er findet den Schalter nicht.

Glaser sitzt am Sonntag mit seiner verwunderten Familie scheinbar entspannt beim Brunch und hat einen Klumpen aus Terminen und Pendenzen im Magen.

Oder er sitzt prustend in der Sauna und ertappt sich dabei, wie er seinen nackten Oberkörper nach einem Kugelschreiber abklopft.

Schließlich gesteht er sich ein, dass ihn das Abschaltenwollen mehr stresst, als es das Nichtabschaltenkönnen je vermocht hatte. Und Glaser tut, was er immer tut in den seltenen Fällen, in denen er zugibt, dass er etwas nicht selber kann: Er delegiert.

Er lässt sich bei seinem Arzt, einem Geheimtipp unter Führungskräften, einen Termin während einer Randstunde geben und zieht ihn ins Vertrauen. Der hört sich Glaser eine Weile an, schielt ab und zu auf die Uhr und sagt dann: »IMAP. Eine Spritze pro Woche, und nach vier Wochen bist du entkoppelt. Und wenn der Stress wiederkommt, wiederholst du die Kur.«

Glaser lässt sich also abschalten. Bereits nach der ersten Behandlung fühlt er sich, als hätte man seine Seele eingeölt. Nichts kommt an ihn heran, alles perlt ab wie Seewasser vom Gefieder der Zwergtaucherli.

Nach vier Wochen ist Glaser entkoppelt. Zwar ist er nach wie vor gestresst. Aber jetzt ist es ihm wurst.

Nachweis

Diogenes ist der größte unabhängige
Belletristikverlag Europas, mit internationalen
Bestsellerautorinnen und -autoren wie Donna Leon,
John Irving, Friedrich Dürrenmatt, Daniela Krien,
Benedict Wells, Doris Dörrie, Martin Walker,
Patricia Highsmith, Martin Suter, Patrick Süskind,
Ingrid Noll, Bernhard Schlink, Paulo Coelho,
Ian McEwan, Amélie Nothomb, Tomi Ungerer,
Katrine Engberg und Luca Ventura.
Daneben gehören eine umfassende Klassikersammlung,
Kunst- und Cartoonbände sowie
Kinderbücher zum Programm.

Entdecken Sie unser ganzes Programm auf
www.diogenes.ch oder schauen Sie hier vorbei:

Auf **diogenes.ch/newsletter** erfahren Sie zuerst
von Neuerscheinungen und Neuigkeiten unserer
Autorinnen und Autoren.

Oder schauen Sie hier vorbei:

Tagebuch
208 Seiten
Auch erhältlich als eBook

Hansjörg Schneider geht die vertrauten Wege in
Basel, zum Kannenfeldpark, zum Petersplatz und
wieder zurück. Wach für die Eindrücke der Gegenwart, empfänglich für die Erinnerungen, die
bei jedem Schritt nachhallen, offen für literarische
und philosophische Reflexionen. Ein Vergnügen,
diesen außergewöhnlichen Schriftsteller dabei zu
begleiten.

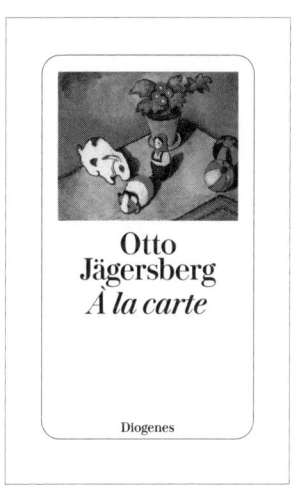

Prosa
224 Seiten
Auch erhältlich als eBook

Warum gibt es bei uns keine Weinkönige? Passt
Bier zu einer ernsthaften Kartoffelsuppe? Auf-
schnitt lieber fein oder normal? Lustvoll und
schwelgerisch, präzise und skurril widmet sich
Otto Jägersberg in seiner Kurzprosa nicht nur
der Kulinarik, er streift bei seinen Alltagsbe-
trachtungen leichtfüßig durch die Nachbarschaft,
in Gedanken über den Friedhof, neugierig durchs
Boudoir und als Maler, Beobachter und komi-
scher Chronist der Wirklichkeit durch Wälder
und Städte.